La Gestión Empresarial como servicio de éxito

La gestión como éxito empresarial

Isabelino Pérez Jiménez

Sello: Independently published
ISBN: 9798861215855

DEDICATORIA

Dedico este libro a quienes han confiado en mí, especialmente a mis hijos; Hugo Armando, Ana Isabel, Alejandro I, Inohemí y Sarah.

A mis apreciados colaboradores, Hugo Armando, Ana Isabel, Alejandro I., Leslie Nadhelly, de quienes he tenido su apoyo permanente y decidido en todos los proyectos.

A mis jóvenes estudiantes del Tecnológico Nacional de México campus Zona Olmeca de la Villa Ocuiltzapotlán, Centro, Tabasco, México, a quienes deseo que sea de utilidad y a la vez, sirva de manual, donde puedan animarse a emprender.

ENLACES DE CONTACTO CON EL

MAESTRO ISABELINO PÉREZ JIMÉNEZ

Tecnológico Nacional de México campus Zona Olmeca

https://zolmeca.tecnm.mx/

isabelino.pj@zolmeca.tecnm.mx

https://web.facebook.com/isabelino.pj

isabelinoperezjimenez@gmail.com

https://twitter.com/QuintaPilares?s=09

https://web.facebook.com/Emprendamos-juntos-111791984003998

https://www.instagram.com/departamentosvhsa/

CONTENIDO

I
DEDICATORIA
PROLOGO
CAPÍTULO I

CAPITULO II

CAPITULO III

CAPITULO IV

PROLOGO

El reto más grande en la vida de todo ser humano sigue siendo aprender a hacer algo eficaz con sus emociones, pero las emociones siempre exigen experiencia de vida y, sobre todo, un deseo profundo de compartir lo acontecido; No hay otro modo de que se conciba el aprendizaje y para que este se concrete debe ser compartido. De esta manera, Isabelino Pérez Jiménez Médico Veterinario Zootecnista y Master en Administración de negocios con especialidad en productividad y calidad, nos transmite parte de sus años recorridos, vivencias y emociones en este ejemplar para servicio en la gestión empresarial cuyo propósito es encaminar al emprendedor, estudiantes y/o micro empresario a satisfacer la necesidad de sentirse respaldados por una mentoria sencilla e integral que les permita el éxito en la empresa y a su vez enseñar a las nuevas generaciones la integración a las políticas de generación de riquezas cuidando el servicio al cliente. En base a esta necesidad se ha elaborado este ebook, para conocer paso a paso los elementos mínimos necesarios en un negocio. Esperando que este ejemplar te ayude a alcanzar el éxito que tanto anhelas te deseo un excelente viaje y un feliz aterrizaje.

Leslie Nadhelli Rocha López

CAPÍTULO I

GESTIÓN ADMINISTRATIVA

La gestión administrativa es un conjunto coordinado de tareas y actividades que contribuyen al uso óptimo de los recursos con los que cuenta una empresa. Se trata de lograr tus objetivos y obtener los mejores resultados.

Este es responsable de la coordinación y el uso eficiente de los recursos. Así, todas las funciones se organizan de forma que se pueda dirigir y controlar la gestión más adecuada. Estas funciones son planificar, organizar, dirigir, coordinar y controlar.

Estructuras de las organizaciones

Se refiere a la distribución de funciones y responsabilidades que cada miembro de la empresa debe realizar para lograr las metas propuestas.

Es decir, optar por un sistema jerárquico que organice a los colaboradores en un organigrama empresarial, a través del cual se asignan tareas y responsabilidades y se resuelven los problemas de organización y coordinación interna.

Una estructura organizacional bien planificada ayuda a orientar a las diferentes áreas de la empresa para lograr los mismos objetivos, además de:

- Coordinar y dar orden y certeza a los colaboradores.
- Comprender cómo funciona la cadena de mando.
- Identificar las áreas de actuación que componen la organización.
- Crear perfiles de trabajo para definir tareas y responsabilidades.
- Separe las tareas por departamento, identifique quién es el responsable de esas tareas y asigne quién las consolidará.
- Informar a los empleados cuál es su lugar en la empresa y a quiénes le rendirán cuentas.
- Identificar si es necesario contratar más personal para alguna área o actividad en particular.

La estructura organizacional puede ser centralizada o descentralizada, según quienes tomen las decisiones principales, ya sea altos cargos o cada departamento. La estructura elegida depende de la filosofía de la organización, es decir su visión, misión y valores.

Nivel Corporativo. Se refieren a actividades como la diversificación hacia nuevos mercados o nuevos productos, fusiones y adquisiciones, integración vertical y sinergia de recursos entre empresas.

Resolver problemas más generales de este nivel. ¿Qué producto o servicio debe ofrecer la empresa? ¿Cómo debe organizarse la empresa? ¿Deberían los departamentos o propiedades individuales operar en gran medida de manera autónoma, o deberían ser rígidamente jerárquicos con una amplia participación de los gerentes centralizados? Abordar estos problemas es fundamental para el éxito de la empresa. Incluso con empleados motivados, gerentes eficientes y una administración justa y organizada, una empresa que intenta brindar un servicio que ya no se necesita o un producto que se ha vuelto obsoleto está destinada al fracaso. Por el contrario, incluso la aplicación más exitosa o el producto superior en un mercado lucrativo pueden generar ingresos significativos. potencial similar para el éxito o el fracaso existe en la selección de los mercados, la estructura organizativa y la nutrición de la cultura corporativa.

Ejemplos de personas que pueden ser parte del nivel corporativo:

- Dueños o CEOs. (Director ejecutivo).
- Junta directiva.
- Socios.
- Proveedores.
- Accionistas.

Supervisión y control

El término supervisor se aplica a todos los niveles de gestión y se refiere a una persona que dirige las actividades de los demás. Pero habitualmente solo se aplica a personas con rangos administrativos más bajos.

La supervisión es toda actividad realizada para operar y controlar las gestiones de las personas para que cumplan en forma colectiva o individual con las funciones o tareas que les han sido asignadas. Los supervisores actúan como jueces y solucionadores de problemas en el proceso de control de la organización. Los supervisores realizan 2 funciones:

- En el primer rol, actúan como jueces, observando lo que sucede en el departamento para ver si las actitudes, condiciones y resultados van como se esperaba.
- En el segundo rol, actúan resolviendo problemas y tomando decisiones. Esto se hace para averiguar por

qué algo salió mal y luego decidir qué hacer al respecto.

Como juez, el supervisor observa lo que sucede durante la transición y luego compara esas observaciones con las normas esperadas. Estos criterios se derivan de las metas establecidas durante el proceso de planificación. En su rol de solucionadores de problemas y tomadores de decisiones, los reguladores no solo identifican por qué las condiciones o los resultados no son satisfactorios, sino que también corrigen esas condiciones y logran los resultados deseados.

Los puestos regulatorios son tan exigentes que la alta dirección tiende a buscar supertalentos. La mayoría de las empresas determinarán los criterios por los cuales los candidatos ejecutivos deben coincidir.

Estas son algunas características personales de un supervisor:

- Vigoroso y saludable.
- Potencial de liderazgo.
- Habilidad para desarrollar buenas relaciones interpersonales.
- Conocimiento del puesto y capacidad técnica.
- Capacidad para mantener el ritmo de trabajo.
- Capacidad de enseñanza.

- Habilidad para resolver problemas.
- Dedicación y confiabilidad.
- Actitud positiva hacia la administración.

El control es la función administrativa por medio de la cual se evalúa el rendimiento. En una organización puede ser implementado antes de comenzar una actividad, durante una actividad o al finalizar una actividad. De esta forma es que se clasifica el control, antes, durante y después. Exactamente los tipos de control son:

- Control preventivo o previo a la acción: intentos de prevenir problemas anticipados. Está preparado para el futuro, y la clave es tomar medidas ejecutivas antes de que surjan los problemas. Un posible problema se puede ver antes de que suceda, e incluso antes de que suceda, se debe hacer todo lo posible para evitarlo. Lo malo es que estos controles requieren información oportuna que es difícil de obtener, lo que hace que dichos controles no se utilicen mucho.
- Control de Concurrencia: Se realiza durante la operación y trata de corregir el problema antes de que el administrador se vuelva demasiado costoso. Para este tipo de control se puede utilizar la supervisión

directa, ya que esto permite corregir los problemas a medida que se presentan.

- Controles correctivos o posteriores a la acción: deben basarse en la retroalimentación cuando se completan las actividades. Lo único malo es después de que se hace la retroalimentación el daño ya está hecho.

Operación de la empresa

Las operaciones de una empresa son todas las actividades relacionadas con un mismo campo que generan los productos o servicios que se ofrecen a los clientes. Podemos decir que son "la forma en que se hacen las cosas dentro de la empresa" de modo que sus actividades les permitan prestar servicios o producir productos ofrecidos o entregados a los clientes con el fin de satisfacer sus expectativas.

Las actividades concebidas por operaciones están siempre presentes en cualquier empresa, ya sea una fábrica, un hospital, un hotel o conducir un autobús. Ya sea una empresa industrial o una empresa de servicios: todas tienen funciones operativas.

Los objetivos operativos de la empresa son:

1. Ser competitivo, es decir, diferenciarse y conseguir que los clientes compren la empresa. Fundamentalmente, porque cuando un cliente compra un producto o servicio de una empresa, el cliente "contacta" a la persona que le brindó ese producto o servicio, es decir, relacionados con el funcionamiento de la empresa. El cliente no se puso en contacto con el director financiero ni con el director general, pero la empresa estaba prestando el servicio que cumplía con sus expectativas. Tenga en cuenta que las operaciones se convierten en la herramienta principal para respaldar la competitividad de una empresa, entregar productos o servicios superiores y agregar valor a los clientes.

2. Para obtener ganancias (ganar dinero). Específicamente, se enfoca más en reducir el costo de un producto o servicio (sin tocar los salarios), es decir, generar una mayor productividad.

3. Por lo tanto, las operaciones abarcan todas las actividades desde la idea hasta el cliente satisfecho. La satisfacción del cliente se logra superando las expectativas del cliente de la empresa (producto o servicio) a corto, mediano y largo plazo, convirtiéndose en una meta operativa: vuelve a comprar.

Planeación y Procesos

Implica analizar la situación de una organización, definir las metas a alcanzar, establecer una estrategia general para lograr esas metas y desarrollar un plan de acción que muestre cómo se implementará la estrategia.

Para que el plan funcione, hay 9 principios a tener en cuenta:

Flexibilidad. El plan debe poder adaptarse a los cambios que ocurren en la organización en función de las necesidades, operaciones y dirección de la organización.

Inherencia. El plan debe abordar ciertos temas propios de la institución y estar orientado al logro de las metas propuestas.

Razonable. Es el proceso de comprender la realidad del plan, confrontar el problema y la solución, es decir, considerar criterios factibles al desarrollar el plan, desarrollar alternativas y su implementación.

Universalidad. El plan debe especificar los recursos necesarios (tiempo, recursos humanos, presupuesto, etc.) para lograr los objetivos establecidos.

Unidad. Cada uno tiene una función con un objetivo específico, que a su vez está dirigido a un objetivo común (objetivo organizacional).

Compromiso. Los recursos deben ser comprometidos en el tiempo requerido para lograr el plan.

Precisión. El plan debe ser preciso, ya que cualquier error podría afectar otras funciones del gobierno.

Factores limitantes. Al diseñar un plan, cada decisión debe tener en cuenta las restricciones (escasas o limitadas) que pueden dificultar el logro de las metas.

Viabilidad. El plan debe ser realista, diseñado empíricamente e incorporar hechos específicos y recursos disponibles.

La planificación es la función administrativa primaria porque es la base de las demás funciones (organización, coordinación y control). Por eso decimos que una buena planificación de la gestión incluye la "toma de decisiones anticipada".

Fases

- El proceso administrativo consta de cuatro etapas principales: planificación, organización, dirección y control. Juntos siguen un proceso cíclico, por lo que se reinician cuando completan la última etapa. Es importante destacar que las cuatro fases anteriores se dividen en dos grupos según su etapa de ejecución: mecánica (planificación y organización) y dinámica (dirección y control).

1.- Las etapas mecánicas o estructural del proceso administrativo.

Etapa de planificación

- La fase de planificación es el primer paso en cualquier proceso administrativo. Es en este punto que se establecen el propósito y los objetivos de la empresa. Sin embargo, también deben incluirse aquí los medios para lograr estos objetivos. Los siguientes son los pasos principales en la fase de planificación:

- Define tus objetivos: ¿Hacia dónde quieres llegar?

- Determinar el estado actual de la empresa.

- Identificar posibles eventos que podrían ocurrir en el futuro de la empresa.

- Analizar y elegir la forma de resolver eventuales problemas.

- Implementar un plan y evaluar el resultado.

Etapa organizativa

El siguiente paso es distribuir tareas y responsabilidades entre los diferentes grupos de trabajo de la empresa. Este es el proceso de dividir el trabajo en equipos, que deben estar conectados y trabajar juntos.

Esta parte del proceso está íntimamente relacionada con las habilidades de cada trabajador y los recursos materiales con los que cuenta la empresa. El objetivo principal de esta organización es asignar objetivos específicos a cada actividad de la empresa.

Algunos de los pasos más importantes en esta etapa son:

- Divida la carga de trabajo en tareas que puedan ser completadas por varios equipos.

- Desglose cada tarea en unidades operativas.

- Elegir un órgano de gobierno para cada sector.

- Proporcionar materiales y recursos útiles para cada departamento.

- Designar quién reporta a quién dentro de la organización y activar la jerarquía interna de la empresa.

2.- La fase dinámica u operativa del proceso administrativo

Fase de dirección

Las dos primeras etapas se ocupan de la planificación y la organización, ambas de naturaleza teórica. Hasta el momento, el mecanismo interno de la empresa se ha puesto oficialmente en funcionamiento. Por lo tanto, la gestión se considera como una de las etapas dinámicas del proceso administrativo.

Las actividades de la empresa se dividen en tareas en diferentes áreas, siendo los colaboradores los principales responsables de la implementación del plan para asegurar el normal funcionamiento de la empresa. Por lo tanto, la motivación y la comunicación dentro de diferentes dominios son muy importantes. Algunos de los pasos más importantes en esta etapa son:

- Proporcionar la motivación necesaria a los empleados.

- Premiar el trabajo de cada colaborador con incentivos al salario.

- Ser consciente de las necesidades de los colaboradores, que pueden variar según la naturaleza de cada campo.

- Establecer un mecanismo de comunicación eficaz entre los diferentes departamentos.

Fase de control

La parte final del proceso es garantizar que las acciones planificadas se lleven a cabo según lo planificado. Al igual que la fase de gestión, esta es una fase dinámica porque involucra acciones específicas dentro de la empresa.

Un control sobre las actividades realizadas por la empresa facilita el análisis de sus altas y bajas. Una vez obtenidos los resultados, se realizan revisiones para corregir posibles deficiencias y dificultades en la ejecución del plan. Algunos de los pasos más importantes son:

❖ Evaluar y analizar los resultados obtenidos.

❖ Comparar resultados con planes ejecutados previamente.

❖ Identificar problemas y tomar las acciones correctivas apropiadas.

Mapeo de proceso

Un mapeo de proceso es una herramienta de planificación y gestión que visualiza el flujo de trabajo dentro de una empresa y sus gerentes. En otras palabras, es un recurso que simplifica y visibiliza la cadena de valor de tu negocio.

Muestra qué y quién está involucrado en un proceso comercial, se puede aplicar a cualquier organización y puede revelar áreas donde los procesos necesitan mejoras.

Cuando hablamos de diagramas de flujo y su rediseño, estamos hablando directamente de nuevas formas de trabajar. Esto incluye la organización del tiempo, la gestión de tareas, una mejor comunicación y varias formas de ayudar a lograr resultados más positivos y satisfactorios.

El propósito es generar conciencia sobre cómo se hace algo, cuál es el resultado, cuál es la mejor manera de hacerlo y si hay áreas en las que se debe enfocar para mejorar.

❖ Es fundamental que las empresas creen este mapa porque:

❖ mejorar el servicio al cliente;

❖ Eliminación de pasos redundantes e irrelevantes;

❖ Obtiene una visión más clara del estado actual del proceso;

❖ Mejorar y simplificar la comunicación entre departamentos;

❖ Promover una mayor coherencia en la forma de hacer las cosas.

Hay varias formas de mapear la actividad de la empresa:

Diagrama de flujo

Los diagramas de flujo son el tipo más común de diagrama de flujo. Puede dibujarse a mano o crearse con cualquier herramienta con ayudas visuales. Este es un mapa simple que explica cómo ocurre un proceso.

Diagrama de cadena de valor o diagrama de arriba hacia abajo

Muestra las principales actividades del proceso, desde el primer departamento/especialidad involucrado hasta el último. Este tipo de mapa no entra en demasiados detalles, evitando describir cosas como puntos de decisión, ciclos de reelaboración, características involucradas, etc.

Mapa de carriles

Igual que un diagrama de flujo normal, excepto que cada paso se asigna a un equipo o propietario diferente.

Esto proporciona un sistema muy claro para los procesos que deben mapearse de esta manera.

Comunicación, información, toma de decisiones y control

La comunicación es el proceso por el cual podemos transmitir un mensaje de una persona a otra o de una entidad a sus integrantes, lo que significa intercambiar opiniones del emisor al receptor, teniendo en cuenta que el mensaje sea entendido y no alterado de ninguna manera. Esto es importante porque conocer la situación no solo estimula la necesidad de saber qué está pasando, sino que también proporciona una guía para las acciones a tomar de acuerdo con los objetivos de negocio que se están logrando. En la comunicación podemos identificar sus elementos constitutivos como: emisor, receptor, canal, mensaje, retroalimentación y los obstáculos que impiden el funcionamiento de estos elementos.

Dividir las decisiones en planificadas y no planificadas en función de lo rutinarias que sean y del contexto en el que se presenten; afrontar el riesgo, la certeza y la incertidumbre. El estilo en el que se pueden tomar decisiones puede ser analítico, conceptual, conductual, o directivo. La información forma parte de la comunicación, ya que lo que la mayoría de las veces comunicamos es información que nos sirve para resolver diversos problemas que se nos presentan mediante pautas basadas en hechos que han sucedidos a manera interna en la organización.

A través de la comunicación se pueden utilizar diversos medios para difundir nuestras ideas u organizar eventos planificados lo que se conoce como riqueza mediática organizacional. Algunos de los medios disponibles para las organizaciones incluyen la comunicación escrita, la comunicación oral y la comunicación audiovisual. Todos estos medios tienen sus ventajas y desventajas en el funcionamiento de una organización, ya que un método es más efectivo que otro dependiendo de lo que queramos comunicar. Un líder siempre sabe elegir la forma en que desea tomar decisiones, porque se debe tener en cuenta la sensibilidad de las personas de la organización, así como su estándar e identificación con el logro de las metas, creando armonía organizacional, creando así productos de calidad que satisfagan las necesidades de los clientes y logrando un buen desarrollo operativo.

Comunicación en la unidad de producción

Ejemplo de una ECP.

Esta unidad es responsable de coordinar el trabajo de difusión de información, gestión de medios digitales y desarrollo de productos de comunicación del Instituto de Ciencias Políticas. Elabora material audiovisual, eventos o material informativo en apoyo a la comunidad docente, administración y estudiantes, además, divulga información sobre aportes e iniciativas y documenta actividades relacionadas con la labor del colegio.

Los materiales y productos elaborados se distribuyen a través de los diferentes canales oficiales de información que maneja la unidad: sitio web, lista de suscripción de correo electrónico, grupo de chat de WhatsApp, canal de YouTube, perfil de Facebook y a través de los mecanismos institucionales de la Oficina de Divulgación e Información (ODI).

Servicios

Comité. Es la entidad encargada de apoyar la difusión de la información, la identidad gráfica y la gestión de la comunicación en los diferentes medios.

Comunicar. Desarrollar una estrategia de comunicación, diseño material gráfico y gestión de medios digitales, producción audiovisual.

Divulgación. Contenido para medios digitales y redes sociales.

Cobertura. Registro audiovisual de actividades, protocolo y transmisión de eventos.

Retroalimentación

La retroalimentación en el lugar de trabajo se entiende como un proceso de comunicación entre un jefe o supervisor y su colaborador responsable luego de una evaluación del progreso de una tarea asignada, con el fin de presentar varios puntos de vista sobre su desempeño laboral y garantizar la mejora continua. Dicha evaluación puede resaltar las fortalezas de un socio y alertarlo sobre las debilidades o áreas de mejora dentro de un marco de tiempo determinado. De esta forma, la retroalimentación constituye una herramienta fundamental para cultivar la dinámica externa que brinda la organización, aumentando así el nivel de desempeño de cada colaborador.

Es importante enfatizar que la retroalimentación solo debe enfocarse en las competencias y habilidades básicas requeridas para cada rol específico, de lo contrario, si se requieren las mismas competencias para diferentes puestos, siempre habrá áreas de mejora.

Algunos consejos para realizar una retroalimentación propositiva son:

Proceso frecuente

El proceso de retroalimentación generalmente se da al final del ciclo de prueba, sin embargo, este debe ser un proceso continuo donde se reconozca a los colaboradores por su esfuerzo y buen desempeño, o se identifiquen rápidamente aquellas debilidades que puedan ser atendidas de manera oportuna. Como tal, es importante asignar al menos un espacio por mes para proporcionar comentarios.

Basado en hechos reales

Los procesos como este a menudo están llenos de opiniones, por lo que es importante ser objetivo e interpretar las acciones positivas o negativas en función de hechos, datos y ejemplos específicos en lugar de interpretaciones y opiniones personales.

Cara a cara

La retroalimentación tiene que ser en persona, con entrega verbal acompañada de entrega física para que las ideas transmitidas sean lo más claras posible. Además, llevar a cabo esta reunión de manera personal aumenta la confianza y la afectividad del proceso mismo.

Establecer metas y objetivos

Es de vital importancia que tanto el jefe como el colaborador tengan claras las metas y expectativas que se tienen y/o se esperan de él, así la retroalimentación se torna más objetiva y realista.

Hacer énfasis en los aspectos de mejora

No se debe perder de vista que el fin de la retroalimentación es potenciar el talento humano de los colaboradores, generar un aprendizaje y promover la mejora continua. Los resultados expuestos y la forma de comunicar la retroalimentación, son la clave para establecer el aprendizaje, plan de desarrollo y capacitación del colaborador, por lo que resulta fundamental, conocer las oportunidades de crecimiento y mantener un sistema de recompensas por alcance de metas.

CAPITULO II

GESTIÓN COMERCIAL

En una empresa es el conjunto de actividades y estrategias implementadas con el objetivo de promover y comercializar sus productos o servicios de manera efectiva.

Sus principales retos son aumentar la satisfacción del cliente y optimizar los procesos comerciales. Ambos exigen:

- Conocer las expectativas y necesidades de los consumidores;
- Capacitar a los trabajadores;
- Invertir en tecnología y herramientas adecuadas;
- Contar con un plan de mejora continua.

Uno de los desafíos de la gestión comercial es desarrollar una estrategia diferenciadora que agregue valor en las interacciones con los clientes y aumente la competitividad.

Según la estructura y el tamaño de la empresa, una adecuada gestión ayuda a aclarar aspectos estratégicos y operativos, como:

- Orientación y definición de los elementos del marketing mix o las 4 Ps;
- Implementación de sistemas de información;

- Estructura y dimensionamiento de la administración comercial;
- Automatización de procesos comerciales.

Importancia de la gestión comercial en una empresa

Es importante porque impulsa el crecimiento, la rentabilidad y la competitividad de la empresa. Estos beneficios son el resultado de la identificación de oportunidades, la optimización de recursos y el desarrollo de estrategias de ventas.

Esta función es fundamental para el éxito del negocio porque determina:

- Los volúmenes que se deben producir para atender la demanda;
- Las especificaciones que requiere el cliente;
- Los precios y formas de pago;
- La comunicación empresarial.

Incluso, la gestión comercial tiene el poder de alterar la dinámica de la estrategia corporativa. Contar con un manejo de negocios eficaz es de gran importancia para las empresas porque representa beneficios como:

- Facilitar el cumplimiento de los objetivos financieros;
- Estructurar los procesos de producción de forma acertada;

- Favorecer la reputación de la empresa en el mercado;
- Mejorar la relación con los clientes;
- Incrementar los indicadores de satisfacción y fidelidad del cliente;
- Aumentar la competitividad de la empresa;
- Maximizar la rentabilidad.

Un estudio reveló que las empresas centradas en el cliente tienen un 38% más de probabilidad de reportar mayor rentabilidad, con respecto a las que no se centran en el cliente.

Bajo ese panorama, las empresas deben orientar la administración comercial hacia un crecimiento rentable y centrar sus acciones en el cliente.

¿Qué es gestión comercial en el banco?

Incluye todas las acciones destinadas a promover y comercializar los productos y servicios financieros de la institución. En este caso, es necesario prestar especial atención a:

- La relación con los clientes: desarrollar una relación comercial duradera y ganarse la confianza del cliente son aspectos fundamentales en las instituciones financieras;

- El tipo de producto: es esencial ofrecer soluciones confiables y específicas para las necesidades e intereses de los clientes;
- El uso de la tecnología: utilizar herramientas tecnológicas, como los softwares para bancos, resulta fundamental para una gestión eficiente y para mejorar la experiencia del cliente con un servicio más ágil y personalizado.

Elementos de la gestión comercial

Involucra componentes de diferentes áreas integra equipos, recursos y funciones para lograr sus objetivos y aportar a la competitividad. Los principales elementos de la administración comercial son:

- Planeación estratégica: Incluye la definición de objetivos, la fijación de metas de ventas y la consolidación de la estrategia corporativa.
- Gestión de ventas: Directamente encargada de las técnicas de venta y el engranaje de actividades necesarias para llevar un producto hasta el cliente final.
- Gestión de marketing: comprende el análisis del entorno y orienta la estrategia de la mezcla de

marketing o las 4 Ps, de tal manera que esté alineada con la estrategia corporativa.

- Gestión de clientes: Se ocupa de la jornada del cliente en cada una de las etapas del proceso comercial, desde la prospección hasta la postventa, con el objetivo de lograr su satisfacción y lealtad.

- Gestión de fuerza de ventas: Administra el recurso humano, en términos de la capacitación, la motivación, y la estrategia del equipo comercial.

- Áreas de soporte: Se trata de la relación con otras áreas críticas para el desempeño del proceso comercial, como las áreas de tecnología, finanzas, producción, logística, entre otras.

¿Cómo impacta la gestión comercial en la experiencia de compra del cliente?

Una gestión comercial efectiva impacta directamente en la experiencia de compra del cliente porque mejora aspectos clave de su recorrido, como la personalización de la atención, la agilidad del servicio y la efectividad de la comunicación con tus representantes.

Atención personalizada

Conocer a los clientes para aumentar su satisfacción es uno de los desafíos de la gestión de empresas. Este conocimiento permite brindarles experiencias únicas e individuales, desde recomendaciones basadas en su historial de compra hasta soporte en su canal favorito.

Existen herramientas de atención al cliente, como la mensajería y el software de voz integrado, que permiten unificar las conversaciones y ofrecer soluciones rápidas y acorde a sus necesidades.

Además, contar con un espacio de trabajo unificado permite que los agentes accedan a los datos de los clientes en un solo lugar para ofrecer una atención personalizada.

Servicio ágil y eficiente

La optimización de los procesos uno de los principales retos de la gestión comercial permite brindar una experiencia de compra fluida y sin complicaciones.

Algunas de las herramientas que permiten automatizar tareas y agilizar el servicio de atención al cliente son:

- Los centros de ayuda para ofrecer autoservicio, de forma que los clientes puedan encontrar soluciones por sí mismos;
- Los bots que se adelantan a las necesidades de los usuarios y brindan respuestas instantáneas;

- El desvío y la inteligencia empresarial que garantizan que cada solicitud llegue al agente más adecuado.

Comunicación efectiva

Una comunicación clara con los clientes sobre productos, precios, procedimientos, etc. Genera confianza y facilita la decisión de compra. Una gestión comercial que proporcione la información necesaria en el momento oportuno resulta esencial para una experiencia de compra satisfactoria.

6 Pasos para una gestión comercial eficaz

Implica la construcción de un plan comercial que contemple los siguientes pasos:

1. Fijar objetivos

Todo plan debe partir de unos objetivos claros, alcanzables, medibles y enmarcados en un periodo determinado qué pretendes lograr en la administración comercial.

Echa un vistazo a estos 4 ejemplos de objetivos de ventas para fijar los tuyos.

2. Realizar un análisis de mercado

Conocer el entorno, la situación actual del mercado en el que actúa la empresa y su posición con respecto a la competencia. Este análisis implica el conocimiento del público objetivo y toda la información clave para delimitar el segmento a analizar.

3. Conocer el producto

Además de sus propiedades, características físicas y funcionalidades básicas, es esencial saber la necesidad que cubre y lo que motiva al cliente para comprarlo.

4. Estructurar un plan de marketing

Plasmar de manera estructurada las estrategias que se implementarán a través de los diferentes elementos del marketing mix o 4 Ps del marketing.

Desarrolla tu propio plan estratégico de mercadotecnia para diferenciarte de la competencia.

5. Entender las finanzas y realizar proyecciones

Reúne la información de carácter financiero que impacta en el manejo de negocios, como:

- Los indicadores económicos;
- La elasticidad de la demanda;
- Las políticas de fijación de precios y de recaudo;
- El costo de adquisición de clientes;
- Las proyecciones de venta.

6. Realizar seguimiento y control

Hacer monitoreo de las acciones con respecto al logro de los objetivos, determinar la efectividad y tomar decisiones que permitan alcanzar la competitividad de la empresa.

La gestión empresarial

Es una función que comprende todas las acciones encaminadas a impulsar el plan de negocios de una empresa. Existen dos retos principales en la gestión empresarial, el primero es la satisfacción del cliente, y el segundo es la cuota de mercado. Ambos requieren de una estrategia clara, sistema de calidad y coordinación con diferentes áreas de la organización. Del análisis del proceso productivo de la empresa, se puede considerar que la gestión empresarial es la última etapa, que lleva productos al mercado y obtiene beneficios económicos. Sin embargo, es mucho más complicado que eso porque no es solo el intercambio o la venta en sí.

La gestión empresarial de una empresa es como un motor, por lo general las funciones empresariales activan otras funciones y las afectan directa o indirectamente. Determinar la cantidad que se debe producir para satisfacer la demanda, las especificaciones que requiere el cliente, los precios y formas de pago, la comunicación y tiene el poder incluso de alterar la dinámica de la estrategia corporativa.

La gestión empresarial eficaz es muy importante para las empresas debido a los beneficios que aporta, entre ellos:

- Facilitar la consecución de los objetivos financieros de la empresa;
- Le permite estructurar correctamente el proceso de producción;
- Mejorar la reputación de la empresa en el mercado;
- Mejorar las relaciones con los clientes;
- Mejorar las métricas de satisfacción y lealtad del cliente;
- Mejorar la competitividad de la empresa;
- Maximizar la rentabilidad.

Mercado

El intercambio ocurre cuando alguien actúa como comprador de bienes y servicios y otra persona actúa como vendedor de los mismos. Los mercados se han entendido tradicionalmente como lugares donde tiene lugar el proceso de intercambio de bienes y servicios entre compradores y proveedores, pero con el advenimiento de la tecnología, los mercados ya no requieren de un espacio físico.

Pero debido a esto, mientras tengas el corazón para comprar y vender, habrá un mercado. Y los participantes estén de acuerdo en efectuar los intercambios, a un precio acordado.

Sin duda, el intercambio se lleva a cabo porque ambos participantes obtienen un beneficio, es decir ambas partes ganan.

Participantes del mercado

1. Comprador

Es una persona que actúa en el mercado con la intención de obtener un bien o servicio a cambio de otro (si es por trueque) o pagando una determinada cantidad (si es por intercambio indirecto). Es decir, cuando alguien hace una compra, esa persona percibe que el artículo que recibió es más valioso que el artículo o el precio que entregó. Además, nos referimos a los compradores en el mercado como compradores, y los compradores maximizan su utilidad cuando compran barato.

2. Vendedor

Es la entidad dispuesta a intercambiar un bien por otro (a través del trueque) o a cambio de una determinada cantidad (intercambio indirecto). Por un lado, el vendedor considera que los bienes o el dinero que recibió son más valiosos que los bienes o servicios que proporcionó. Los vendedores son llamados postores en el mercado, y cada postor maximiza su utilidad al tratar de venderlo a los precios más altos dentro del mercado.

Estratificación de mercado.

Es un proceso de dividir todo el mercado de un bien o servicio en varios grupos más pequeños e internamente homogéneos. La esencia de la estratificación es comprender verdaderamente a los consumidores. Uno de los factores decisivos para el éxito de una empresa es su capacidad para segmentar adecuadamente el mercado. La estratificación también es un esfuerzo por mejorar la precisión del marketing de una empresa. Este es un proceso de agregación: agrupar personas con necesidades similares en un segmento.

Hay 4 tipos de subdivisión

1. Segmentación Geográfica: La segmentación del mercado se basa en el lugar o región donde se encuentra el usuario, tales como: región, país, estado, ciudad, etc. Ayuda a saber el lugar y el momento ideal para distribuir contenido promocional.

   Un ejemplo de segmentación geográfica es: las personas que viven en continentes fríos como Europa están interesadas en ropa de abrigo, aparatos de calefacción, etc.

   Las personas que viven en continentes cálidos como Australia están interesadas en ropa de playa, aire acondicionado, bebidas frías y más.

Todo continente o país está dividido y diferenciado en cuanto a cultura, tradición, lengua, etc. Esto nos puede traer un sinfín de ejemplos de divisiones geográficas.

La ubicación geográfica es un factor importante para determinar el posicionamiento en el mercado y las ventas de productos.

2. Segmentación Demográfica: Implica dividir el mercado en grupos más pequeños, esta segmentación toma en cuenta variables como edad, ingresos, nivel educativo, nacionalidad, raza, religión, ocupación, etc. Esta segmentación ayuda a las organizaciones a obtener una comprensión precisa del comportamiento del consumidor, lo que a su vez les ayuda a mejorar el rendimiento. Para marketing, la segmentación demográfica es el grupo de personas que forman un mercado específico para un producto o servicio basado en datos demográficos.

Ejemplo de nivel de ingresos: Samsung es una empresa que se encarga de fabricar dispositivos, específicamente su línea de teléfonos, los cuales actualmente cuentan con varias versiones que van desde precios muy accesibles hasta precios que solo los económicamente pueden pagar. La diferencia entre todas las versiones es que cuanto más barato, menor es la calidad.

3. Segmentación Psicológica: Considere las características psicológicas de los consumidores, estilos de vida, sentimientos, intereses, deseos, etc. Está siendo utilizado por más y más empresas que realmente quieren llegar a sus consumidores ideales y alcanzar sus objetivos.

Ejemplo: Gatorade es una marca que se dirige específicamente a una audiencia con el mismo estilo de vida en todo su marketing. Su grupo objetivo son las personas que practican deportes y lo dejan claro en todos sus anuncios.

Aunque los anuncios están dirigidos a practicantes de varios deportes, destacan dos, las carreras y el fútbol.

Esto significa que los segmentos son más detallados y no se limitan a dirigirse a los practicantes de deportes en general, sino principalmente a dos deportes específicos.

4. Segmentación por Comportamiento: Basada en el comportamiento de los clientes o prospectos. La segmentación por comportamiento puede estar relacionada, entre otras cosas, con:

- Cómo comprar (dónde, embalaje, etc.)
- Cantidad de compra.
- los patrones de consumo.
- Canales utilizados.

- El acto de visitar un sitio web o usar una aplicación.
- Reacciones a los correos electrónicos recibidos.

Neutrogena

La marca de belleza aprovecha el comportamiento anterior de los usuarios en las páginas del carrito de compras para optimizar las ventas. Cuando Neutrogena se dio cuenta de que el 75 % de los compradores tenían el hábito de comprar varios productos de la misma categoría a la vez, ideó una forma de aumentar la cantidad de artículos que compraban a la vez.

Aprovechan los datos de comportamiento del cliente para ofrecer paquetes de productos complementarios (por ejemplo, rímel de ojos y toallitas desmaquillantes) que reflejasen, simultáneamente, los patrones de compra de cada usuario.

Canales de comercialización.

Es la forma o camino por el cual una empresa tiende a comercializar sus productos a los consumidores finales de la manera más económica, eficaz y eficiente.

Si bien en algunos casos la empresa productora vende y entrega directamente al consumidor final, en la mayoría de los casos son otras empresas las que ocupan el puesto, ya sea comprando nuestros productos y revendiéndolos, o porque se encargan del transporte, envío y entrega de nuestros bienes.

Tipos de canales de marketing

Dependiendo de la tecnología disponible y del tipo de mercado en el que nos encontremos, podemos dividirlos en las siguientes categorías:

Canales Tradicionales: Son canales que no utilizan tecnología. Ejemplos: Quioscos, fruterías o carnicerías.

Canales automatizados: Utilizan la tecnología de manera básica para entregar productos a los consumidores. Por ejemplo, las máquinas expendedoras.

Canales Audiovisuales: Son los canales utilizados por diferentes medios, por ejemplo: Televisión, radio, teléfono.

Canal Digital: Hoy es el más importante y de mayor crecimiento. No solo por su costo, sino también por su efectividad para atraer nuevos clientes y obtener estadísticas clave sobre su comportamiento de gasto. Por ejemplo: Google Ads, Instagram, Facebook, campañas de correo electrónico, blogs, YouTube, etc.

Comportamiento del Consumidor

Es el análisis de los diferentes factores que influyen en el comportamiento de una persona o grupo de personas a la hora de adquirir un producto o servicio. En un sentido más amplio, se trata de entender cómo una persona decide utilizar los recursos disponibles (tiempo, dinero y energía) para satisfacer sus necesidades.

No se trata solo de comprender cómo se comportan los consumidores cuando se trata de decisiones de compra, sino, lo que es más importante, qué implica cada etapa del proceso de compra.

Comprender el comportamiento del consumidor significa responder a las preguntas:

- ¿Quién compra mi producto?
- ¿Qué compra?
- ¿Por qué lo compra?
- ¿Quién lo consume?
- ¿Dónde lo compra?
- ¿Cómo lo compra?
- ¿Con qué frecuencia compra?
- ¿Qué cantidad compra?

El proceso de compra consta de 5 etapas:

- Reconocimiento de la necesidad

Esta es la etapa inicial donde una persona o empresa identifica una necesidad.

- Búsqueda de información

La duración de esta fase y el origen de la consulta pueden variar, según el valor de la compra y el grado de especialización del producto. En general, se trata de encontrar información que ayude en la toma de decisiones.

- Evaluación de la información

Se refiere al análisis y comparación de la información obtenida en la etapa anterior según diferentes estándares. Algunos de estos criterios pueden ser: precio, calidad, reputación de la marca, vida útil del producto, ubicación del establecimiento, rapidez en la entrega o prestación del servicio, garantía, etc.

- Toma de decisiones y acciones de compra

Es el momento en que un cliente decide comprar un producto y ejecuta la acción de compra.

- Revisiones de consumo y posteriores a la compra

Después de la compra de un producto, se presenta su uso o consumo. En ese momento, el cliente evaluará qué tan satisfecho está con su compra, si realmente cubre la necesidad que tenía, si respeta los derechos del consumidor, si cumple con sus expectativas, entre otros factores.

Es importante considerar que el proceso de compra no siempre se detalla en cada etapa. Dependiendo de la complejidad de la compra, esto se puede hacer de manera muy flexible. En algunos casos, como una compra impulsiva, el proceso puede incluso revertirse, primero se toma la decisión y luego se justifica según sea necesario.

Factores que determinan el consumo

1. Cultura. Es el modo de vida de una comunidad o grupo. Para encajar en un grupo cultural, los consumidores deben seguir tanto reglas formales como normas culturales tácitas. Por ejemplo, para asimilarse a la comunidad islámica, al sujeto no se le permite comer carne de cerdo. Por otro lado, entre los jóvenes de cualquier comunidad, existe el deseo de que alguien que quiera unirse al grupo se parezca a ellos. En otras palabras, las normas culturales definen lo que los consumidores pueden o no pueden comprar.

2. Estilo de vida. El estilo de vida de cada individuo suele estar determinado por su ingreso monetario. Si un sujeto tiene ingresos altos, debe mantener un estilo de vida relativamente estable.

   1. La influencia del estilo de vida en el comportamiento del consumidor está determinada sin intermediación por el hecho de que, si una persona gana menos que

otras, perderá el acceso a ciertos productos y servicios por encima de su tamaño socioeconómico.

2. Motivación. Esta es la variable que lleva a las personas a pensar que una necesidad es más importante que otra. De acuerdo con esto, los requisitos de necesidad más importantes se cumplen primero.

   La motivación es un impulso complejo impulsado por diversas necesidades de naturaleza fisiológica, biológica y social. Por ejemplo, cuando una persona está motivada por la necesidad de sentirse segura, a menudo comprará un producto o servicio que satisfaga esa necesidad, tanto en el plano funcional (objetivo) como perceptual (subjetivo, por ejemplo, el posicionamiento de la marca).

3. Personalidad. La personalidad es un conjunto de variables profundamente arraigadas en la mente de una persona. La personalidad varía de persona a persona, en algunos casos dramáticamente, y también está influenciada por factores externos como el lugar donde se encuentra la persona o la hora del día.

   La personalidad determina lo que una persona come, viste, estudia, lava y ve en la tienda. En resumen, la personalidad tiene una gran influencia en todos los procesos de toma de decisiones, principalmente porque tiene que ver con las actitudes o sistemas de creencias de las personas hacia diferentes productos.

4. Edad. Tales ofertas influyen en el comportamiento del consumidor de una manera bastante directa. Por ejemplo, las necesidades de un niño de 6 años son claramente diferentes de las de un adolescente: las necesidades de los consumidores son básicas en la infancia, pero se vuelven más complejas más adelante en la vida, adolescencia y juventud.

5. Este proceso continúa desarrollándose a medida que el individuo envejece. Las necesidades psicológicas varían según los grupos de edad, lo que explica los cambios en el comportamiento del consumidor a lo largo del tiempo.

6. Percepción. La percepción es la opinión generalmente prevaleciente sobre un producto o servicio en un momento determinado. Por lo tanto, las percepciones de las personas pueden cambiar fácilmente con el tiempo. Los consumidores, como construcción psicológica fuertemente subjetiva, pueden tener las mismas necesidades, pero comprar marcas completamente diferentes debido a su sistema de percepción.

La percepción es una variable que se ve influida por estímulos externos, como los comentarios de otras personas o las comunicaciones de marketing, ya sean publicitarias o de relaciones públicas. Estos factores participan en el proceso de formación de las percepciones, los sistemas de creencias y las actitudes de las personas hacia las marcas.

Elementos de gestión comercial

La gestión empresarial involucra componentes de diferentes campos, integrando equipos, recursos y funciones para lograr sus objetivos y contribuir a la competitividad de una empresa. El contenido principal de la gestión empresarial es:

- Planificación estratégica: incluye la definición de metas, el establecimiento de metas y la consolidación de la estrategia corporativa.
- Gerencia de Ventas: Responsable directo de las técnicas de venta y del ajuste de actividades requeridas para llevar el producto al cliente final.
- Gestión de marketing: Aprenda sobre el análisis ambiental y guíe la estrategia de mezcla de marketing, o 4P, para alinearla con la estrategia corporativa.
- Gestión de clientes: Maneje el viaje del cliente en cada etapa del proceso comercial, desde la prospección hasta la posventa, para lograr la satisfacción y lealtad del cliente.

- Gestión de la fuerza de ventas: Gestión de los recursos humanos, incluida la formación, la motivación, y la estrategia del equipo de ventas.
- Dominios de apoyo: esta es la relación con otros dominios clave del rendimiento de los procesos comerciales, como tecnología, finanzas, producción, logística, etc.

Las cuatro Ps

Las cuatro P del marketing son: Producto, Precio, Punto de venta y Promoción.

1. producto

   Son el elemento principal de cualquier campaña de marketing. Producto es un concepto muy amplio ya que cubre todo lo que está disponible para comprar en el mercado y satisface de alguna manera una necesidad o deseo de un consumidor. Una de las estrategias de marketing de productos más famosas, innovadoras y nuevas, basada precisamente en Producto p, es la llegada del primer iPhone.

2. Precio

   Es la cantidad que un consumidor debe pagar para obtener un producto o servicio. Sin embargo, al fijar el precio correcto nos encontramos uno de los retos más complicados del marketing de producto y de las cuatro p del marketing.

Con el fin de fijar el mejor precio para nuestros productos, se deben tomar, entre otras, las siguientes medidas:

Investigue cuánto están dispuestos a pagar los consumidores.

Investigación comparativa sobre precios competitivos para productos iguales o similares.

Haga un buen trabajo al calcular la ganancia neta que obtendremos a través de cada precio.

No hay duda de que el nacimiento de la primera cadena de comida rápida de McDonald's se basó en una estrategia de precios muy competitiva. Con su sistema de distribución y operación de franquicias, reducción de costos y producción en cadena a través de un innovador sistema de servicio rápido, han obtenido precios muy competitivos en todo el mercado, lo que les ha permitido expandir la escala de la empresa.

3. Punto de venta

El punto de venta o distribución es el proceso por el cual un producto o servicio llega a nuestro cliente, que puede ser mayorista o final. Este es un tema fundamental que impactará significativamente nuestros márgenes y la satisfacción del cliente.

Existen múltiples variables en la distribución que requieren un análisis exhaustivo.

- Almacenamiento.
- Transporte.
- Horas de operación.
- Gastos de envío.
- Qué canal de distribución me conviene más: venta directa, distribuidores, tiendas online, etc.

Un ejemplo de un punto de venta revolucionario en la comercialización de productos, es el surgimiento de Amazon como el concepto de la primera librería en línea, de hecho, su nombre era "Cadabra". Jeff Bezos logró cambiar el paradigma del posicionamiento del comercio online a través del surgimiento de su plataforma. De esta forma, el punto de venta deja de ser un punto de venta físico, para pasar a ser un punto de venta online.

4. Promoción

Incluye todos los medios, canales de distribución y tecnologías que promocionan nuestros productos.

¿Qué idea quieres transmitir?

¿En qué canales se encuentra nuestro público objetivo?

¿Cómo podemos sorprenderlos?

Plan de Mercadotecnia

Es un documento que las empresas realizan anualmente recogen la siguiente información:

- Objetivos principales para ese año.

- Situación del mercado y la empresa.

- Definición de los clientes de la empresa.

- Principales campañas a realizar y objetivo esperado de cada campaña.

- Plan de acciones anual, donde aparece; cuándo y quién ejecutará las diferentes acciones programadas para ese año.

- Presupuesto que se va a invertir en cada acción.

- Plan de contingencia: en caso de que las acciones no estén funcionando, qué se hará.

Pero lo más importante no es saber qué es un plan de marketing, sino saber por qué se necesita.

Necesitas una estrategia de marketing para tu empresa porque:

- Lo obliga a enfocarse en metas medibles.
- Le permite recordar de nuevo quiénes son sus clientes y qué quieren.

- Esta es la única forma en que sus campañas de marketing se centrarán tanto en sus objetivos como en sus clientes y estarán en armonía entre sí.
- Centrarse únicamente en aquellas acciones que funcionan puede ahorrarle dinero.
- Lo necesita para planificar sus acciones a lo largo del año y predecir cuánto tiempo y recursos necesitará.
- Antes de completar todos sus presupuestos, podrá ver lo que funciona y lo que no para que pueda hacer cambios.
- Le permite realizar una evaluación al final del año para ver mejoras y lecciones aprendidas.

Etapa de planificación

1. Diagnóstico actual. Si su objetivo es el crecimiento empresarial, conozca el estado actual de su organización es un aspecto fundamental.

2. Identidad organizacional. La identidad organizacional se basa en tres pilares fundamentales:

- Misión (objetivo de la empresa);

- Visión (el plan de la empresa para el futuro);

- Valores (normas éticas y morales de la organización).

3. Análisis ambiental. Esto significa prestar atención a las diferentes tendencias y situaciones que afectan de alguna manera el desarrollo de la empresa.

4. Objetivos estratégicos. Con esto nos referimos a identificar los resultados específicos que una empresa desea lograr para asegurar su crecimiento y sostenibilidad a largo plazo.

5. Un plan de acción u operación. Consiste en una serie de estrategias implementadas para alcanzar las metas propuestas. Debe incluir las tareas planificadas, quién es el responsable, los recursos disponibles y los diferentes procedimientos a seguir.

6. Seguimiento. Una vez que se implementa el plan de acción, su implementación debe ser monitoreada continuamente.

CAPITULO III

SISTEMA DE PRODUCCIÓN

Un sistema de producción es la forma en que se utilizan y combinan los factores de producción para su transformación y posterior transformación en bienes y servicios.

Por lo tanto, cuando hablamos de un sistema de producción, nos referimos a un conjunto de componentes interrelacionados para lograr el objetivo de completar con éxito un proceso de producción.

El sistema de producción procede en los siguientes pasos:

1. Insumo de factores de producción

Por un lado, el sistema comienza con la entrada y combinación de materias primas, mano de obra, energía, capital y los conocimientos y habilidades necesarios para realizar el proceso.

2. Proceso de transformación

Luego está el proceso de transformar los recursos o factores de producción en productos que satisfagan las demandas del mercado.

3. Salida del producto

Asimismo, el paso final en un sistema de producción ocurre cuando los bienes y servicios salen terminados del proceso de producción.

Abastecimiento

El proceso mediante el cual los proveedores proporcionan recursos a otros grupos económicos o individuos y obtienen un cierto grado de satisfacción o utilidad se denomina suministro.

A través de las acciones de abastecimiento se pueden dar soluciones a las necesidades de consumo de personas u organizaciones. Es decir, se basa en el suministro de mercancías como materias primas o productos terminados puestos en circulación.

Estos bienes se consideran los bienes básicos necesarios para que las personas sobrevivan y alcancen un cierto nivel de satisfacción.

Desde un punto de vista más comercial, el suministro implica la compra de los materiales que necesita el comprador para desarrollar la actividad económica, y tiene que acudir a un agente de suministro para que se los suministre.

En otras palabras, el suministro debe implicar una gestión eficaz del inventario, así como la fabricación de producto adecuada a un determinado nivel de demanda y la entrega de los bienes y servicios ofertados en un periodo de tiempo concreto.

Materias primas

Las materias primas, también conocidas como bienes intermedios, son todos aquellos bienes que se transforman durante el proceso de producción hasta convertirse en bienes de consumo.

Algunos bienes físicos no pueden ser utilizados directamente por los consumidores porque requieren transformación (por ejemplo, el petróleo). Las materias primas son el primer eslabón de la cadena de fabricación y en las distintas etapas del proceso se transforman hasta convertirse en productos aptos para el consumo.

La principal característica de los productos intermedios es precisamente que no han sido tratados por las actividades humanas, es decir, se encuentran próximos a su estado natural antes de ser explotados.

La importancia de las materias primas

Tradicionalmente, la producción de materias primas se ha considerado una importante fuente de riqueza para una nación. Esto se debe a que dicha extracción proviene de la abundancia natural del recurso en un determinado territorio.

Sin embargo, el desarrollo de la teoría económica y las primeras fábricas a gran escala revelaron las desventajas de tales productos. En primer lugar, nos referimos a la volatilidad de su precio y su escaso valor añadido.

Mano de obra

En un marco empresarial, el trabajo determina que la cantidad de esfuerzo gastado para producir algo es el valor requerido para representar el potencial de un servicio o mercancía.

De esta forma, se deja de lado la utilidad de los clientes o consumidores, y se pone el foco en la disponibilidad de la misma potencia para asegurar una valoración fluida del capital de la empresa. puedes definir la fuerza de trabajo como la capacidad que tiene el ser humano para reunir sus fuerzas tanto físicas como mentales y ponerlas al servicio de un proceso de producción o para llevar a cabo una tarea.

Ejemplo de fuerza de trabajo

Dado que se supone que el trabajo es cualquier acción que produce valor, termina siendo cualquier tipo de trabajo que se desarrolla para producir un producto. Por ejemplo, al tejer se pueden hacer prendas como vestidos y pantalones.

Allí, el patrón contrata al trabajador que hace los textiles a un costo inferior al costo de producción, estimando su mano de obra, no cómo se hace cada prenda.

Sin embargo, cuando el empleador vende el producto terminado, su ganancia será igual o mayor que la ganancia del trabajador cuando vende su capacidad productiva como mercancía.

¿Cómo mejorar la gestión de los empleados en la empresa

y Planificación de Recursos Humanos?

La gestión de recursos humanos se trata de desarrollar una fuerza laboral comprometida y productiva para su empresa. Por lo tanto, es imperativo saber cuántas personas necesita una empresa para funcionar de manera eficiente y correcta. Además, la asignación racional de talentos en cada departamento, entre otras cosas.

Analizando la fuerza de trabajo

Esto ayuda a identificar las tendencias en el lugar de trabajo y mejorar de manera efectiva los factores de riesgo potenciales identificados. Este poder acerca a los empleados a su lealtad y compromiso con la empresa porque se entienden sus necesidades.

Identificar el trabajo a realizar

Dado que la mano de obra es un costo enorme tanto para la empresa como para el empleado, vale la pena conocer cada puesto. Es su responsabilidad llevar a cabo el proceso de selección adecuado y designar quién debe realizar el trabajo.

Se deben considerar las actitudes y habilidades de los individuos para que se sientan cómodos con sus responsabilidades. A su vez, obtenga un nivel de compromiso que lo aliente a completar con éxito la actividad.

Ingeniería de Producción

Se define como centrarse en los procedimientos relacionados con la fabricación y el acabado de los materiales o productos industriales.

Implementar soluciones efectivas relevantes a problemas complejos relacionadas a la realización de productos. Tienen el deber de producir producto de calidad a bajo costo y de gran consumo social.

Es capaz de ejecutar productos relacionándose totalmente con la tecnología, factor que colabora a economizar y administrar la producción de bienes y servicios y favorecen a la evolución productiva.

De igual forma contribuyen a crear conciencia en relación al cuidado del medio ambiente. Con el objetivo de favorecer el entorno que los rodea. Dominan con gran fluidez el sistema productivo, desde el origen de la misma, hasta la realización del producto. Debe llevar a su cargo la transformación en producto de consumo humano.

Componentes del proceso

1. Diseño o flujograma

El primer elemento del proceso es el diseño o flujograma que representa la secuencia de las actividades y el orden en que se realizan. Se trata de un diagrama de flujo de procesos que ilustra las relaciones entre las distintas tareas o actividades a realizar por el responsable del proceso. Cada uno de estos elementos va a definir qué tan eficientes son, porque si existieran repeticiones o rutinas poco eficientes, se puede convertir en un problema y urge solucionarlo.

2. Herramientas o tecnologías para ejecutar cada proceso

Los procesos correctamente formalizados requieren herramientas tecnológicas para aumentar su nivel de eficiencia. Esto evita realizar tareas manuales que pueden ser ejecutadas mediante algún software de automatización. Por ejemplo, en un proceso de ventas, una herramienta de email marketing ayudará a los representantes de ventas a comunicarse con los clientes potenciales enviando miles de mails automatizados en el lapso de unos cuantos minutos.

Ahora bien, si en una actividad tenemos un sistema tecnológico que no funciona, es preciso prestar atención a la tecnología utilizada, a fin de comprobar que esta sea la adecuada para la ejecución de un proceso. De lo contrario, será necesario considerar otra herramienta que se adapte al proceso y que le aporte más valor, porque es la tecnología la que debe estar al servicio de las personas y no al revés. Sabiendo esto, busca una tecnología que sea intuitiva, fácil de implementar y que aumente la productividad de los procesos.

3. Las personas

Las personas son uno de los activos más importantes de las empresas, sino el más importante, ya que gracias a su trabajo los procesos se ponen en funcionamiento y los resultados se hacen visibles al final del ciclo. Si las personas o colaboradores no están capacitados para ejecutar los procesos, estos serán menos eficientes. Por eso, una vez que contamos con las personas calificadas para ejecutar los procesos, debemos brindarle capacitación constante para que, a pesar de los cambios del mercado, los colaboradores puedan continuar adquiriendo nuevos conocimientos para abordar los distintos problemas del día a día en las empresas.

4. Insumos

Los insumos son importantes porque si no los tenemos en el momento oportuno, el proceso se volverá ineficiente. Cada uno de estos elementos que tiene un proceso permite que se oriente a un resultado específico. Esto significa que hay que promover la alineación entre estos procesos para que los resultados sean más efectivos.

Para definir el nivel de importancia de un componente, todo depende del proceso en sí, su dificultad, la necesidad de la tecnología en el proceso, las calificaciones que debe tener el ejecutivo y si tenemos los recursos para ejecutarlo Salida exitosa. Esencialmente, todos los componentes son importantes, pero depende en gran medida de qué proceso se está ejecutando y a qué componente se le debe asignar más valor. En esta línea, los rasgos también dependen del proceso, ya que dan visibilidad a los componentes antes mencionados.

Direccionalidad

Es la aplicación del conocimiento en la toma de decisiones, para la discusión de este trabajo es necesario comprender cómo se comportan las personas, tanto individualmente como en grupo, para alcanzar adecuadamente las metas organizacionales.

Importancia

Implementa todas las directrices desarrolladas durante la planificación y organización. A través de ella se logran las formas de conducta más deseables en los miembros de la estructura organizacional.

La gestión eficiente es fundamental para la moral y la productividad de los empleados. Su calidad se refleja en el logro de los objetivos, la aplicación de los métodos organizativos y la eficacia de los sistemas de control. A través de ella se establece la comunicación necesaria para el funcionamiento de la organización.

Estilo de gestión

Estilo autoritario:

Los jefes imponen reglas y normas sin consultar a los subordinados. Es el jefe quien diseña, planifica y asigna el trabajo. Un nivel muy alto de autoridad a menudo crea un ambiente de trabajo estresante.

Paternalismo:

Construya una actitud protectora hacia los subordinados y preocúpese por sus problemas. Sin embargo, es el jefe quien toma las decisiones y ejerce la máxima autoridad.

Estilo de laissez-faire:

El jefe no interviene en la toma de decisiones, no motiva, no da instrucciones de trabajo y deja libertad de acción a los empleados, que pueden trabajar libremente., tomando sus propias decisiones.

Diagramas de flujo

Es una representación gráfica que muestra los cambios y relaciones de una serie de operaciones con un objetivo común. Visualmente, puede apreciar relaciones secuenciales con la ayuda de símbolos como descripciones, rectángulos, rombos, círculos, flechas, prismas redondos y más.

En un diagrama de flujo, la representación gráfica de estos procesos utiliza una serie de figuras geométricas específicas que representan cada paso específico del proceso que se evalúa. Estas formas previamente definidas se interconectan mediante flechas y líneas, marcando direcciones de flujo y estableciendo rutas de proceso, a modo de mapa.

Dependiendo de cómo se representen, los diagramas de flujo se pueden dividir en cuatro tipos:

Horizontal. En orden de lectura, de derecha a izquierda.

Vertical. Va de arriba a abajo, como una lista ordenada.

Panorámico. Te permiten ver todo el proceso en una sola hoja usando maquetas verticales y horizontales.

Arquitectura. Representa un viaje de trabajo o área de trabajo.

Los diagramas de flujo son un mecanismo de control y descripción de procesos para organizar, evaluar o replantear mejor secuencia de actividades y procesos de distinta naturaleza por su versatilidad y sencillez. A menudo se utilizan en disciplinas como la programación, la informática, la economía, las finanzas, los procesos industriales e incluso la psicología cognitiva.

Productos

Se define como el resultado obtenido del proceso productivo interno de la empresa.

Desde un punto de vista económico, un producto es todo lo que se intercambia en un mercado.

Por eso son productos, tanto bienes que las empresas tienen en stock como bienes que los consumidores ya poseen.

También se considera como un producto económico del que se pueden derivar rentas o rentas como rendimiento porcentual que puede generar una inversión como un bono.

Tipos de productos

1. Bienes de consumo

Por un lado, los bienes de consumo son productos producidos para satisfacer las necesidades de los consumidores.

Más allá de eso, el propósito más importante de cualquier proceso de producción es el consumo. Así, se mantiene una relación directa entre producción y consumo.

2. Productos de inversión

Por otro lado, un producto de inversión es cualquier bien o servicio que se utiliza para producir otros bienes o generar riqueza porque estos productos generan ingresos o rentas.

Por supuesto, esto nos ayuda a comprender que no todos los productos que se producen en la economía están destinados al consumo, sino que existen otros productos cuyo propósito es aumentar el nivel de producción de otros bienes de consumo o fabricar bienes diferentes.

Calidad

La calidad de un producto o servicio se define como la percepción que tiene el cliente de su valor. Si un cliente piensa que una determinada mercancía le puede ayudar a resolver sus necesidades, pensará que la calidad de la mercancía es mayor o menor según su percepción de una serie de factores relacionados con el producto.

La calidad de un producto o servicio se mide por variables cuantificables y diferentes etapas del proceso productivo. Por ejemplo, para evaluar la calidad de un producto, se deben establecer instrumentos de medición en diferentes etapas del proceso de fabricación, ya que todo afecta la calidad final del producto.

Un indicador de la calidad de un producto o servicio

Las métricas de calidad son herramientas para medir el valor y la calidad de los productos y servicios proporcionados por una empresa.

Así, por ejemplo, el departamento de calidad de una empresa debe establecer estándares para controlar el proceso de gestión de la calidad. Si no se mide y se cuantifica la calidad, la empresa no puede garantizar que un producto o servicio satisfaga las necesidades de sus clientes. Controlar estos procesos es capital para el posicionamiento y la competitividad de la empresa.

Por qué son importantes los indicadores de la calidad

Los criterios que definen la calidad de los productos y servicios son cruciales en el proceso de creación de cualquier empresa. Y en su desarrollo también. La calidad debe medirse continuamente a través de herramientas cuantificables que nos permitan dar seguimiento al servicio que brindamos a nuestros clientes.

Si controlamos la calidad de forma efectiva, nuestros clientes lo percibirán y podremos posicionarnos con lo que queremos. Siempre que resolvamos problemas y agreguemos valor para nuestro público objetivo, podemos lograr las metas que nos propusimos para nuestra empresa.

CAPITULO IV

DESPACHO Y CONSULTORÍA PROFESIONAL

Es un servicio profesional prestado por una empresa o un profesional individual (conocido como consultor o asesor, respectivamente) con experiencia o conocimiento específico en un campo, asesorando a personas, otras empresas, grupos de empresas, países u organizaciones. La consultoría de negocios se puede ofrecer como un servicio profesional o como un medio para brindar asesoramiento y asistencia práctica. No cabe duda de que se ha convertido en un sector específico de la actividad profesional y debe ser tratado como tal. También es un medio para ayudar a las organizaciones y gerentes a mejorar las prácticas comerciales y de gestión, así como el desempeño individual y colectivo.

Sustento legal para su constitución

El marco legal puede ser un tema que represente una situación particular, ya que la ley suele interpretarse como un conjunto de restricciones al comportamiento empresarial, mientras que su formulación, desde los planteamientos de los constituyentes, obedece más a la necesidad de encauzar el delineamiento de un proyecto, en este caso, del desarrollo económico y social del país.

Una vez tomada la decisión de crear una empresa, uno de los aspectos que hay que analizar es la forma jurídica más conveniente y adecuada a las características del proyecto a desarrollar: emprendedor individual o social.

Propietario único

Una empresa unipersonal es una unidad económica organizada a título privado por personas naturales cuya función principal es la obtención de recursos económicos (ganancia) a través de la producción de bienes y servicios.

Es la empresa individual en sí misma, en la que el propietario desarrolla todas sus actividades empresariales, aporta su capital, trabajo, esfuerzo empresarial y compromete en forma limitada su legado personal.

Su constitución tiene la forma legal más simple y puede usar su nombre o usar un nombre comercial, la principal desventaja es que usted es el único responsable de sus propias deudas.

Empresa asociada

También puede formar una empresa con dos o más propietarios que una vez registrados en los Registros Públicos, genera una persona jurídica de derecho privado.

Una de las características principales de este tipo de empresas, es que el patrimonio social de la empresa responde por las obligaciones de la sociedad; sin perjuicio de la responsabilidad de los socios en el caso de la sociedad colectiva y comanditaria

Normatividad para su constitución

Dirigir la formación social de la empresa y dar cumplimiento a los requisitos legales que le sean aplicables de acuerdo a su naturaleza jurídica; interpretar la normatividad aplicable a fin de cumplir con los procedimientos requeridos por las autoridades gubernamentales competentes a fin de utilizar las herramientas necesarias para su creación, modificación y determinación.

Capítulo uno

Constitución y funcionamiento de sociedades generales

Artículo 1 Esta Ley reconoce los siguientes tipos de sociedades mercantiles:

    I.   Sociedades en nombre colectivo;
    II.   Sociedad en Comandita;
    III.   Sociedad de responsabilidad limitada;
    IV.   Sociedad anónima;
    V.   Una sociedad anónima, y

VI.   Cooperativas.

Podrá constituirse cualquier sociedad mencionada en los apartados 1 a 5 de este artículo.

Como sociedad de capital variable, cumplir con lo dispuesto en el Capítulo VIII de esta Ley.

Artículo 4o.- Se reputarán mercantiles todas las sociedades que se constituyan en alguna de las formas reconocidas en el artículo 1º de esta Ley.

Artículo 5o.- Las sociedades se constituirán ante notario y en la misma forma se harán constar con sus modificaciones. El notario no autorizará la escritura cuando los estatutos o sus modificaciones contravengan lo dispuesto por esta ley.

Normatividad para su operación.

Las normas le dicen a la gente qué hacer o no hacer en una situación particular. O desde un punto de vista personal, las reglas le dicen lo que se espera de él. Todos los grupos tienen sus reglas. Licencias y permisos para empezar a operar.

El establecimiento o formación de un negocio o empresa está sujeto a ciertos requisitos y procedimientos legales de las autoridades gubernamentales, privadas y sociales.

Estos son los tipos de licencias más comunes que su empresa puede necesitar:

Licencia comercial general

Identifica las ubicaciones y jurisdicciones cubiertas por el negocio y garantiza que las autoridades fiscales correspondientes estén recaudando ingresos.

Licencia profesional u ocupacional

Cada estado tiene sus propios requisitos para ciertos servicios.

Licencia de Salud

Para cualquiera que produzca salsas, productos horneados u otros alimentos que puedan necesitar inspección.

Permiso de residencia nacional

Por lo general, se permite la señalización, el ruido u otras condiciones ambientales que puedan interferir con el uso y disfrute de la propiedad adyacente de los vecinos.

Licencia o registro de impuestos sobre las ventas

Si vende productos (en línea o fuera de línea), es posible que su empresa deba recaudar impuestos sobre las ventas de los clientes.

El entorno político y socioeconómico de los servicios de asesoría

Es responsable de la adecuada gestión de los fondos de la empresa y de la óptima utilización de los recursos económicos.

Análisis Económico

Comenzaremos analizando la economía del entorno en el que se encuentra su empresa o empresa establecida. Para hacer esto, debe considerar todas las variables macroeconómicas que evalúan las condiciones económicas actuales y futuras. Entre estas variables, algunas de las más destacadas son:

- Crecimiento del consumo interno actual.
- Tasa de ahorro.
- Tasa de inversión.
- Inflación.
- Evolución de las tasas de interés.
- Tasa de desempleo.
- Tasa de exportación e importación.

Análisis sociocultural

Además de controlar las variables económicas, también es importante hacer un análisis sociocultural de la población.

¿Cómo? Teniendo en cuenta los siguientes aspectos.

- Evolución de la pirámide de población.
- Densidad de población por zonas geográficas.
- Tasas de inmigración y emigración.
- Tasa de natalidad y mortalidad.
- Esperanza de vida.
- Nivel educativo.
- Valores sociales, éticos y morales.
- Costumbres.
- Uso de tecnologías.

Programas gubernamentales y del sector privado en la localidad

Para facilitar el acceso a crédito barato y oportuno a los grupos de bajos ingresos, aumentar los recursos para la generación de capital productivo y creación de empleo a través de las organizaciones de banca social. La Estrategia Micro Territorial (EM) es parte del enfoque territorial del gobierno federal para la política social dirigida a abordar la marginación y la pobreza en las zonas rurales. La "Estrategia" combina las características específicas de cada región y propone la pertinencia de las políticas públicas.

Ejemplo de programa:

1. El programa de abastecimiento social de leche de C.V., operado por Liconsa, S.A.

2. Programa de Abastecimiento Rural de C.V. de Diconsa, S.A. (Diconsa).

3. Programa de Oportunidades de Desarrollo Humano.

4. Programa de Apoyo Alimentario.

5. Programa residencial infantil de apoyo a madres trabajadoras.

6. Pensiones para personas mayores.

Plan de desarrollo del área prioritaria

Mejora de la vivienda

I. Calidad y espacios en la vivienda: Muros, Techos fijos, Pisos firmes y Disminución del hacinamiento.

II. Servicios básicos en la vivienda: Agua entubada en el entorno de la vivienda o captador de agua (Estrategia Nacional), acceso al servicio eléctrico y de drenaje, baños y estufas ecológicos.

III. Infraestructura social comunitaria. Construcción, rehabilitación y/o equipamiento de centros comunitarios y otros espacios para el desarrollo de contenido digital, de salud, educativos, deportivos, albergues, sistemas de comunicación (conectividad digital, telefonía rural, entre otros).

Factores culturales en la operación del despacho

Toma de conciencia de la cultura

En la consultoría de negocios, la cultura es un factor importante en los problemas técnicos específicos que resuelve un consultor.

Para ser culturalmente sensibles, los consultores empresariales no tienen que ser sociólogos o antropólogos. Se puede adquirir cierto conocimiento cultural leyendo sobre culturas y hablando de temas culturales con otras personas. Un interés genuino en el significado cultural y en las diferentes culturas proporciona una base excelente para comprender e interpretar correctamente los contextos culturales específicos.

Un consultor que nunca ha vivido y actuado en una cultura que no sea la suya tendrá dificultades para percibir y comprender el significado completo y el poder de otra cultura, y el papel de varios factores que pueden no ser conocidos dentro de su propio entorno cultural.

Tolerancia cultural

Respetar las diferentes culturas y tolerar los diferentes valores y creencias a la propia cultura, pero importantes para otras personas, son cualidades esenciales de un, buen consultor.

En su actitud respecto de otras culturas, un consultor está fuertemente influido por la suya propia. La tolerancia hacia otras culturas, religiones y grupos étnicos es una característica cultural también: algunas culturas son muy tolerantes de valores culturales diferentes, mientras que otras no lo son.

Contrato y convenio del servicio

Un contrato es un acuerdo con fuerza legal en el que las partes establecen derechos y deben cumplir ciertas obligaciones. Para la ejecución de un contrato no basta el acuerdo verbal, también debe presentarse por escrito, firmado por las personas pertinentes y promulgado dentro de la ley para su cumplimiento. Por razones legales, se dice que todos los contratos son acuerdos, pero no todos los acuerdos son contratos. Cuando una persona hace una oferta a otra y acepta esa oferta, debe expresarse por escrito y registrarse como un compromiso legal de existir como un contrato. Otro aspecto fundamental de la ejecución del contrato es que las partes deben tener la capacidad legal para participar en el contrato. Esto significa que deben tener la capacidad mental para comprender los términos del contrato y ser mayores de edad.

Tipos de contratos

En líneas generales se podrían clasificar los contratos dentro de los siguientes grupos:

- Explícitos: Describen detalladamente cada uno de los términos utilizados.
- Implícitos: Se dejan a libre interpretación los términos porque son conocidos por las partes involucradas.
- Bilaterales: Establecen las obligaciones y derechos del ofertante y el ofertado.
- Unilaterales: Solo establecen las obligaciones de una las partes.

Un convenio es un pacto o acuerdo de voluntades entre dos o más partes respecto a determinado tema. Se puede llegar a este acuerdo de manera verbal o escrita sin ser requerido un marco legal. Cuando una persona le hace una propuesta a otra y ésta la acepta voluntariamente, se puede decir que se ha llegado a un convenio entre las partes. Los convenios no están determinados por ninguna ley, lo que quiere decir que las condiciones y contexto de este acuerdo es establecido enteramente por las partes que participan en él.

Tipos de convenio

Dependiendo de la cantidad de personas que participan en el convenio, este puede ser:

- Bilateral: aquellos en los que participan solo dos partes interesadas.
- Plurilateral: donde participan tres o más partes.

Estructura y términos del documento

Un contrato consta, como máximo, de las siguientes partes:

1. Título.

2. Encabezamiento.

El encabezamiento de un contrato contiene los siguientes elementos:

- Nombre.
- Domicilio.
- Capacidad.
- Calidad en que actúan las partes.

3. Manifestaciones.

Ejemplos:

M A N I F I E S T A N:

Que convienen en celebrar un contrato mercantil de agencia, sometiéndose a las siguientes [estipulaciones].

4. Definiciones

5. Cláusulas

6. Firma

En ocasiones, además, puede que el contrato se otorgue con una forma solemne, en cuyo caso está también podría encontrarse en el texto.

Normativa que aplica

El papel de las normas internas de la empresa es regular el comportamiento de los empleados, diciéndoles lo que está permitido y lo que no está permitido en el lugar de trabajo. Se consistente. Es decir, por un mismo incidente, la sanción es siempre la misma, independientemente del culpable. Queremos que sea justo y predecible. En otras palabras, las recompensas o sanciones por el comportamiento se asignan de acuerdo con el comportamiento. Reducen los problemas interpersonales entre los empleados porque al aplicar las mismas reglas a todos, el trato es más o menos igualitario y se minimizan las injusticias.

Reglas de seguridad

Estas medidas aseguran la protección de los trabajadores obligándolos a comportarse de determinada manera o utilizar elementos de protección en su propio interés para no correr riesgos innecesarios en el trabajo. Ejemplo: una empresa metalúrgica tiene una regla que exige que los trabajadores usen guantes y anteojos protectores en todo momento.

Reglas del hogar

Asegurar la sana y respetuosa existencia de los empleados en la empresa, y evitar que el comportamiento de unas personas perjudique a otras. Ejemplo: una empresa de oficinas tiene como norma que el restaurante sea un comedor exclusivo para que el ambiente de trabajo no se ensucie ni huela mal.

Vestido estándar

Conocidos como "códigos uniformes", son reglas que regulan la forma de vestir de los empleados, manteniendo un código común para ayudar a las empresas a identificar a sus empleados o para respetar la impresión formal que una empresa da a los visitantes. Por ejemplo: la especificación uniforme de una empresa de servicios médicos requiere que el personal médico use siempre batas blancas limpias.

Estándar de salud

La correcta distribución es especialmente importante para las empresas de manipulación de alimentos o aquellas en las que sus empleados puedan estar expuestos a riesgos para la salud de los elementos para evitar enfermedades, contaminaciones y otros riesgos a la salud. Por ejemplo: Las normas de una empresa de alimentos para mantener sus insumos libres de hongos, bacterias y en buen estado para su clientela.

Reglas de jerarquía

Toda organización humana tiene líderes y aprendices, y esta jerarquía es en muchos casos la clave para el funcionamiento continuo del equipo humano. Es por esto que existen normas jerárquicas que distinguen a los líderes de los trabajadores. Ejemplo: Jerarquía en una empresa que obliga a los empleados a obedecer la autoridad de los que están por encima de ellos en el organigrama.

Reglas de protocolo

La etiqueta se entiende como un conjunto de actitudes y comportamientos de cortesía que facilitan las interacciones con respeto mutuo o en el trato con invitados especiales. Ejemplo: el conjunto de reglas de etiqueta de una empresa que guía a los recepcionistas sobre cómo dar la bienvenida, atender de manera amistosa e incluso servir café a los visitantes y clientes.

Leyes y normas jurídicas

El código legal de cada empresa es su código más formal ya que se rige por las leyes penales y civiles de cada país en que la empresa hace vida. Por ejemplo: Las normas de auditoría interna de una empresa que le permiten protegerse de conflictos legales importantes.

Estándar de trabajo. En términos más generales, tienen que ver con las formas específicas en que las empresas conciben los puestos de trabajo y se encuentran entre las leyes y reglamentos del país y el punto de vista de la empresa. Ejemplo: muchas grandes empresas como Google tienen reglas de trabajo muy flexibles, que permiten a sus empleados trabajar en horarios flexibles para rendir siempre al máximo.

Reglas de reclutamiento

La contratación de nuevos empleados también está sujeta a las reglas y coordinación de la empresa (y al marco legal en el que opera). Por ejemplo: muchas empresas tienen reglas para evitar la selección discriminatoria de empleados, o para acomodar a personas con discapacidades en la nómina, como lo hace McDonald's para niños con necesidades especiales.

Reglas del documento

Las empresas con archivos y repositorios de documentos basados en estándares de archivo específicos necesitan especialistas (bibliotecarios y archiveros) para mantenerlos en funcionamiento sostenido de su memoria institucional. Por ejemplo: Las normas de archivo de una empresa trasnacional que a menudo se ve obligada a compartir documentación e información entre sus muchas sucursales.

CAPÍTULO V

LA EMPRESA Y LA SEGURIDAD SOCIAL

En México, los patrones están obligados a afiliar a los trabajadores a la seguridad social cuando los contratan, creando una serie de obligaciones.

Asistencia médica, quirúrgica y farmacéutica, servicios hospitalarios, prótesis y órtesis, rehabilitación, asistencia a la maternidad, servicios de guardería son algunos de los derechos que adquieren los trabajadores al estar asegurados con la empresa.

Esto es parte de una serie de medidas tomadas por el Estado para evitar desequilibrios económicos y sociales. La seguridad social también incluye prestaciones económicas: cuentas de pensión y vivienda, prestaciones de invalidez y pensiones, garantizadas por las normas laborales y de seguridad social.

Dado que todas las empresas deben garantizar la protección de su recurso humano, tienen obligaciones de: dar de alta a los trabajadores en la seguridad social, cómo comunicar sus retiros y cambios salariales (conocidas como campañas de afiliación); pagar cuotas de acuerdo con los salarios base de cotización reportados y en la periodicidad correspondiente, y determinar la prima de riesgos de trabajo, con base en la información de los riesgos de trabajo que hubiesen sufrido los trabajadores de la compañía.

En caso de incumplimiento de alguna de esas obligaciones, los patrones se harán acreedores a multas y adicionalmente en el caso de inobservancia del pago de las cuotas obrero-patronales del IMSS, se les obligará a cubrir las actualizaciones y recargos respectivos, de conformidad con la ley del Seguro Social y el Código Fiscal de la Federación.

La empresa

Una corporación es una organización de personas y recursos diseñada para lograr un beneficio económico mediante la realización de una actividad específica. Esta unidad de producción sólo puede tener una persona, y debe perseguir el lucro y alcanzar una serie de objetivos fijados en su formación.

Por lo general, una empresa se crea u organiza para satisfacer una necesidad y beneficiarse potencialmente de un determinado servicio o entorno particular. Para ello, los empresarios o grupos de empresarios reúnen los recursos económicos y logísticos necesarios para poder afrontar los retos empresariales antes mencionados y alcanzar los objetivos trazados y utilizar los denominados factores de producción: empleo, tierra y capital.

Por otro lado, si se tiene en cuenta el tipo de actividad que se desarrolla en la economía, cada empresa debe encuadrarse en un determinado sector, distinguiéndose entre las siguientes empresas:

Industria primaria: Agrícola o la minería.

Sector secundario: Dedicada al sector de la construcción. La industria manufacturera transforma los productos del sector primario.

Terciario: Dedicada al sector servicios. Como, por ejemplo, los bancos, aseguradoras o la policía.

Clasificación de la empresa

La clasificación de empresas implica clasificarlas en base a sus características únicas que nos brindan información suficiente para analizarlas en función de su economía, tamaño, ámbito geográfico, estructura y otras variables, permitiéndonos clasificar cada empresa de forma personalizada y ubicarla en una tipología. Es diferente en comparación con otras empresas.

Desde esta perspectiva, se puede apreciar que la clasificación de las empresas puede ser amplia, incluyendo funciones que actualmente realiza cada empresa y actividades que aún no existen, pero dada la versatilidad del mercado, algún día existirán. Necesitará una clasificación propia que anule su funcionalidad.

por sus actividades

La clasificación de las empresas cambia si nos centramos en el tipo de actividades que realizan. Podemos dividirlos en departamentos: primero, segundo y tercer departamento.

En la industria primaria existen todas las empresas dedicadas a la extracción y aprovechamiento de materias primas. Estas están enfocadas en la agricultura, la caza, la ganadería, la pesca, los recursos forestales y la minería.

El sector secundario están todas aquellas empresas que su principal actividad es la manipulación de los recursos naturales. Se dedican a transformar unos bienes en otros más útiles. Un ejemplo claro de empresa de este sector son las fábricas.

El sector terciario es el sector servicios. Como, por ejemplo, los bancos, aseguradoras o la policía.

Por su tamaño

Su clasificación por tamaño se basa en el número de trabajadores o en su cobertura de facturación. Los cuatro tipos principales son:

1. Microempresas. Una microempresa se define como una empresa con un máximo de 10 trabajadores y su facturación no debe exceder los 4 millones de pesos. En general, las microempresas son propiedad de particulares y tienen un sistema de producción sencillo. Las áreas de dirección, producción, marketing y finanzas de estas empresas suelen ser tan sencillas que pueden ser dirigidas por una sola persona.

2. Pequeñas y Medianas Empresas (PYMES). La categoría PYME está formada por pequeñas y medianas empresas. El número de empleados varía de 11 a 250, pero también puede variar dependiendo de sus niveles de facturación (que van desde 4 a 250 millones de pesos). Al tener más empleados, estas empresas tienen divisiones u organigramas que dividen distintas tareas y funciones de los empleados.

3. Grandes negocios. Se considera empresa grande a la empresa con más de 250 empleados y capital y financiamiento superior a 250 millones de pesos. Tienden a tener sus propias instalaciones y niveles de facturación más altos. Además, pueden tener sindicatos y contar con sistemas de gestión y operación muy avanzados. Algunas grandes empresas optan por convertirse en empresas multinacionales y expandir sus negocios a nivel internacional.

4. Inauguración. Las empresas emergentes no encajan en ninguna de las categorías tradicionales anteriores, pero son igual de importantes. Abrir un negocio de este tipo con un enfoque en lograr un rápido crecimiento a través del uso de las TIC (Tecnologías de la Información y la Comunicación) se ha convertido en otra forma de iniciar un negocio.

Por su estructura de capital

Pública: La inversión en este tipo de empresas proviene del Estado. En general, son empresas que prestan servicios a la comunidad y no deben implicar ningún beneficio personal.

Privada: Una empresa privada es una empresa cuyo capital e inversiones provienen de particulares que desean obtener ganancias y beneficios a través de sus actividades empresariales.

Híbridas: Este tipo de empresas cuentan tanto con capital público como privado, esto ocurre cuando la inversión pública no cubre la totalidad de las necesidades de la empresa para el desarrollo de sus actividades. Como tales, pueden contar con el respaldo de inversión privada para ejecutar sus procesos de manera eficiente.

Las Pymes

Pyme significa pequeñas y medianas empresas. Las características de las PYMES varían entre países y regiones, pero su característica distintiva son ciertas limitaciones en el capital humano y financiero. En algunos países, las empresas se clasifican según sus ventas anuales y sus categorías, mientras que en otros la definición está relacionada con el número de empleados.

Una empresa se considera PYME cuando tiene entre 1 y 250 empleados. Tradicionalmente, las PYMES se han clasificado según su tamaño en pequeñas, medianas y grandes. Con el tiempo se agregaron las microempresas, refiriéndose a las pymes, o más precisamente, mis pymes, incluidas las microempresas. Ambas son organizaciones con fines de lucro que operan a una escala menor que la industrial.

Estructura

Para que una PYME tenga una base sólida, es importante considerar que existen cuatro grupos de interés que existen en todas las organizaciones y que se deben tener en cuenta al momento de diseñar una estructura organizacional para su correcto funcionamiento:

Accionistas/Propietarios: Es importante buscar un retorno de la inversión de este grupo de interés. ¿Cómo lo vamos a hacer? Al consolidar un área, les permite comprender el rendimiento de la inversión, el progreso de los datos financieros de las PYME y, lo que es más importante, facilita la toma de decisiones para los propietarios y accionistas. Un área de la organización que se debe establecer para atender a este grupo es la de finanzas, y dependiendo del tamaño de la empresa es importante contar con un área de contabilidad.

Cliente: Cualquier tipo de empresa se crea para satisfacer las necesidades de un mercado en particular. Los clientes necesitan saber y confiar en el valor proporcionado. Para ello, se necesita un campo centrado en definir cómo lograr este objetivo a ellos, pero sobre todo que contribuya en crear relaciones duraderas y satisfactorias entre la empresa y el cliente. El área responsable deberá ser la de Ventas.

Mercados Productos / Servicios: Este es un grupo intangible que está conectado al final con la experiencia del cliente. Principalmente se encarga de garantizar la oferta de los productos o servicios adecuados para satisfacer las necesidades del consumidor, y también de mantener esa oferta vigente.

Colaboradores: Se debe garantizar que la Pyme cuente con el mejor talento. Incluso, que el futuro crecimiento de los colaboradores vaya de la mano con el de la empresa, por lo que un área de recursos humanos es fundamental en la nueva compañía para atraer y desarrollar al talento.

Reglas de operación

El Fondo de Apoyo a la Micro, Pequeña y Mediana Empresa (Fondo PYME) tiene como finalidad promover el desarrollo económico del país, región y sector mediante el fortalecimiento del emprendimiento y desarrollo empresarial a nivel nacional de manera ordenada, planificada y sistemática, y como promover la consolidación de la innovación y la vitalidad y una economía competitiva.

Los objetivos del Fondo PYME son:

I. Asegurar que el apoyo que brinda el Fondo para la Pequeña y Mediana Empresa sea el resultado de una política incluyente de apoyo al emprendimiento y a la MIPYME en el país, formulando cuidadosamente metas comunes a los diferentes sectores y regiones de la economía mexicana, garantizando la transparencia de ambos procesos, por ejemplo, como toma de decisiones;

II. Garantizar que el apoyo del Fondo PYME, cuando se aplique, produzca resultados medibles y cuantificables para los beneficiarios, a saber: aumento de las ventas, aumento del empleo, aumento de la productividad, competitividad, un mejor posicionamiento en el mercado, el acceso a nuevos mercados, el incremento de la calidad de los productos y/o servicios, una mayor cobertura, mayor facilidad para hacer negocios o cualquier otro que sea definido por el Instituto Nacional de Emprendedor (INADEM) en las respectivas CONVOCATORIAS y/o CONVENIOS, y que contribuya al fortalecimiento de la economía nacional;

III.   Generar mediante la colocación eficaz y la selección, por parte del CONSEJO DIRECTIVO, los mejores PROYECTOS presentados al Fondo PYME a través de un proceso de evaluación sólido y transparente, una gradual y firme transformación de los emprendedores y de las MIPYMES del país, para que las micro empresas se transformen en pequeñas empresas, las pequeñas en medianas y las medianas en grandes, favoreciendo así el crecimiento sostenido de la economía mexicana, y

IV.   Crear mecanismos eficientes de generación y distribución de los APOYOS que garanticen el ejercicio de los recursos del Fondo PYME y la llegada de los mismos a los BENEFICIARIOS.

Criterios e indicadores de elegibilidad

I.   Coste de Adquisición de Clientes (CAC)

    a. Se utiliza para averiguar cuántos recursos, como tiempo y dinero, gasta su empresa para adquirir clientes. Se calcula de la siguiente manera: gasto total en marketing y ventas durante un período de tiempo dividido por el número de nuevos compradores adquiridos durante ese período.

    b. Esto te permite saber si la estrategia de negocio y el modelo de negocio que tienes es el adecuado para las condiciones del mercado en el que te encuentras; si este valor supera los ingresos generados por tus clientes, entonces es hora de analizar tus procesos y corregirlos.

II. Tasa de retención de compradores

    a. Cuando las personas que compran de su marca compran nuevos productos de su empresa, es una buena noticia porque significa que su estrategia está funcionando y es probable que su inversión en marketing disminuya con el tiempo. Conocer el porcentaje de clientes que vuelven a tu negocio es una forma ideal de medir la rentabilidad de tus campañas de marketing y modelo de negocio.

III.   Facturación

      a. Conocer el nivel de las ventas, ya sean diarias o anuales, dependiendo del tipo de actividad que se realiza en tu empresa, es la mejor manera de vigilar este indicador.

IV.   Margen de ganancia

      a. No importa si tu negocio vende mucho, si tu margen de utilidad es bajo o inexistente. Para medir esto, simplemente debes restar las ventas del costo que significaron para ti las mismas. De esa manera, sabrás cuál es la rentabilidad que genera cada uno de tus productos o servicios.

Flujo de caja. Se trata de medir la cantidad total de dinero que entra o sale de tu negocio durante un periodo de tiempo. La importancia de este indicador para las PYMES radica en que te permite evaluar la rotación de tu mercancía, con qué frecuencia debes de poner atención a tus deudas por pagar y saldos por cobrar, la solvencia general de tu negocio.

Seguridad Social de la empresa

El cumplimiento de la seguridad social de los trabajadores es crucial para que las empresas demuestren que sus operaciones comerciales cumplen con las leyes de seguridad social y las normas laborales internacionales.

Esta es una obligación comercial. Toda organización comercial debe ser consciente de su responsabilidad de adoptar las medidas necesarias para proteger la vida y la salud de quienes trabajan en sus instalaciones, independientemente de su función. Es importante que las empresas informen a los empleados de su compromiso con la Seguridad Social y se aseguren de su aplicación.

Las empresas tienen la obligación no solo de recompensar financieramente a sus empleados por su servicio, sino también de brindarles las protecciones que se esperan de quienes trabajan para ganarse la vida.

Un compromiso empresarial con la igualdad. Además de todas las prestaciones pecuniarias, la Seguridad Social promueve la igualdad de género a través de medidas laborales que permiten a las mujeres con hijos disfrutar de las mismas oportunidades en el mercado de trabajo.

La seguridad social de la empresa asume los siguientes costos:

- Asistencia médica.
- Prestaciones de enfermedad.
- Prestaciones de desempleo.

- Prestaciones de vejez.
- Prestaciones en caso de accidentes de trabajo y enfermedades profesionales.
- Prestaciones familiares.
- Prestaciones de maternidad.
- Prestaciones de invalidez.
- Prestaciones de sobrevivientes.

Los distintos regímenes de la Seguridad Social

Por un lado, encontramos los regímenes generales y por otro los regímenes especiales. Estas últimas son aquellas actividades profesionales que requieren aplicaciones diferentes a las habituales según las condiciones de tiempo, lugar o proceso productivo.

El objeto de los regímenes de seguridad social es regular la forma y condiciones de las cotizaciones de los trabajadores al estado del bienestar. Las cotizaciones a la seguridad social se calculan en función de la naturaleza de su actividad. En función de tus contingencias se aplicará un porcentaje o tipo de aportación.

Sistema general

En nuestro país hay una gran parte de los trabajadores en el gobierno general. Se rige por el Capítulo II de la Ley General de la Seguridad Social. Incluye regímenes especiales como el régimen especial de tierras, el régimen especial de empleados domésticos y el régimen de artistas y profesionales del toreo.

Régimen Especial de Trabajadores Autónomos

El Régimen Especial de Trabajadores Autónomos (RETA) incluye a aquellos trabajadores mayores de 18 años que están desarrollando su actividad laboral por cuenta propia.

Régimen Especial de los Trabajadores del Mar

Incluye a trabajadores dedicados al desarrollo de actividades de naturaleza marítimo pesqueras que desarrollen su actividad por cuenta ajena y por cuenta propia.

Régimen Especial de la Minería del Carbón

El régimen incluye a los trabajadores que trabajen para empresas dedicadas a actividades relacionadas con la minería del carbón.

Régimen especial de los funcionarios públicos, funcionarios civiles y militares.

Otro sistema peculiar que encontramos en la seguridad social es el de los profesionales públicos. El sistema incluye personal de salud, educación, administración, fuerzas de seguridad, etc.

Debemos recordar que la estructura de la Seguridad Social puede cambiar con el tiempo. La presencia de diferentes tipos refleja la especificidad de trabajadores y empresas de sectores deprimidos o, por el contrario, privilegiados de la economía. Las bases de cotización, las prestaciones, los sistemas de gestión y los procedimientos de estos sistemas varían.

Inscripción de la Empresa. Afiliación Altas y Bajas de los trabajadores.

LA INSCRIPCIÓN

Es el proceso de alta a la Seguridad Social que debe realizar toda empresa, empresario o autónomo antes del inicio de su actividad.

LA AFILIACIÓN

Es el ingreso en la Seguridad Social la primera vez que una persona realiza una actividad profesional. Es obligatoria y única y además se mantendrá toda la vida de la persona.

ALTA DEL TRABAJADOR

Es el acto administrativo exigido por la Seguridad Social a los empresarios por el que se incluye en un determinado régimen de la Seguridad social al trabajador.

BAJA DEL TRABAJADOR

Es el acto administrativo antes la seguridad social que determina el cese de la actividad profesional.

CAPITULO VI

FINANCIAMIENTO DEL SECTOR RURAL

La financiación rural se refiere a la prestación de servicios financieros a personas o grupos desatendidos, como hogares rurales, agricultores y pequeñas empresas, con especial atención a los pobres.

La Estrategia de Finanzas Rurales del Banco Mundial se basa en el concepto de un sistema financiero: los servicios financieros deben estar integrados, incluida la provisión de servicios de crédito, depósito y transferencia, y otros servicios que requieran asesoramiento.

El Banco Mundial respalda el principio de que solo las instituciones financieras comercialmente viables que brindan los productos que sus clientes desean pueden llegar a un gran número de personas en sus áreas de mercado. El acceso a los servicios financieros, así como al sector real, permitirá a los pobres de las zonas rurales aprovechar las oportunidades económicas, gestionar los riesgos y evitar la volatilidad del consumo.

Antecedentes

Financiera Rural fue fundada en 1926 con la creación del Banco Nacional de Crédito Agrícola, S.A. y nueve bancos regionales. Esta fue una de las primeras instituciones en México destinadas a promover el crédito rural, orientándolo a cooperativas agrícolas y luego a productores individuales.

En 1935, se estableció el Banco Nacional de Crédito Ejidal S.A. de C.V. para llegar a los productores de bajos ingresos mediante la emisión de préstamos personales directamente de las cooperativas de ahorro y crédito Ejidal locales. Sin embargo, para 1965, en un esfuerzo por desarrollar el crédito rural, el Banco Nacional Agropecuario, S.A. de C.V.

Luego de la creación de tres diferentes cajas rurales: Agrícola, Ejidal y Agropecuario, en 1975 se buscó la creación del Banco Nacional de Crédito Rural (Banrural), integrado por un banco central y otros 12 bancos regionales. La agencia cumple su misión de financiar la productividad primaria agropecuaria y forestal.

En 2002, los desequilibrios fiscales llevaron a la quiebra de la Corporación Nacional de Crédito, y el 26 de diciembre del mismo año se promulgó la Ley de Organización de la Hacienda Rural, previamente aprobada por el Congreso Federal, que creaba y administraba la Administración Pública Federal como organismo. En 2003 se constituyó e inició operaciones Financiera Rural.

La Financiera Nacional de Desarrollo Agropecuario, Rural, Forestal y Pesquero (FND) es la Agencia Bancaria de Desarrollo Rural del Gobierno Federal dependiente de la Secretaría de Hacienda y Crédito Público (SHCP).

Promulgada por el presidente Vicente Fox Quesada en 2003, la ley tenía como objetivo crear un sistema financiero rural eficiente para reemplazar al Banco Nacional de Crédito Rural (Banrural), que entonces se encontraba en quiebra y llevó a su disolución y liquidación como banco de desarrollo.

Estructura de la banca mexicana

Un conjunto ordenado de instituciones, medios y mercados públicos y privados a través de los cuales fluye el dinero estatal.

Su propósito fundamental es homogeneizar y desempeñar la función de atraer unidades de gasto excedentario y orientar las unidades económicas deficitarias. Esto significa que el sistema financiero es responsable de tomar los ahorros y canalizarlos a quien los necesite. Así, por ejemplo, un banco puede prestar dinero a alguien porque otras personas a su vez depositan sus ahorros en la entidad financiera.

Está integrado por bancos de desarrollo, bancos comerciales, casas de bolsa, sociedades de inversión, arrendadoras y compañías de seguros.

Banca comercial

Los bancos comerciales son instituciones autorizadas por el gobierno federal para absorber recursos financieros y otorgar crédito. Su objetivo es mantener el normal funcionamiento de las actividades económicas. Para cada transacción, los bancos comerciales establecen una tasa de interés.

El negocio llevado a cabo por los bancos comerciales se puede dividir en dos categorías:

Pasivos: Son negocios que recaudan dinero del público a cambio de rendimientos. Las herramientas de las que estamos hablando incluyen:

Cuentas de Ahorro: Reembolsan a los usuarios sus ahorros de manera regular. Permiten realizar operaciones como transferencias y pagos desde esa cuenta.

Depósitos a plazos: A diferencia de las cuentas de ahorro, los clientes deben asegurar sus fondos con una institución financiera. Este es un período específico de tiempo, como seis meses. A cambio, paga una rentabilidad superior a la de una cuenta de ahorros.

Activos: son aquellos proporcionados por instituciones financieras como un producto a cambio de cobrar de un tipo de interés. Destacan:

Tarjeta de crédito: Permite al usuario realizar compras las cuales podrá cancelar en un solo pago al final del periodo, o puede optar por dividir el préstamo en cuotas, por ejemplo, en seis pagos mensuales.

Créditos hipotecarios: Permiten al cliente financiar la adquisición de un inmueble, por lo cual se efectuarán abonos mensuales durante un largo plazo, que incluso puede superar los veinte años.

Préstamo de capital de trabajo: Ofrece a las compañías los recursos necesarios para que la empresa pueda operar diariamente. Es decir, dicho crédito permitirá que la entidad tenga los fondos para adquirir insumos, pagar salarios a los trabajadores, entre otros.

Banca de desarrollo

La Institución de Banca de Desarrollo es una entidad de la Administración Pública Federal con personalidad jurídica y patrimonio propios, organizada bajo la forma de Sociedad Nacional de Crédito. Su propósito fundamental es facilitar el acceso de personas físicas y empresas al ahorro y al financiamiento, y brindarles asistencia técnica y capacitación.

Junto con las reformas financieras, se realizaron diversas reformas a la Ley de Instituciones de Crédito y la Ley Orgánica de la Banca de Desarrollo, destacándose las siguientes: promover la inclusión financiera y perspectiva de género; salarios y recursos humanos; flexibilización operativa y eliminación de restricciones innecesarias; transparencia de uso, control y seguimiento, y solidez del capital.

En resumen, busca, entre otras cosas, otorgar crédito, enfocarse en áreas prioritarias y promover la compensación con el objetivo de reconocer el trabajo y la contribución. al logro de los objetivos, realizarse operaciones considerando la viabilidad del crédito contra las garantías, la realización de la auditoría financiera acorde con las mejores prácticas en la materia.

Actualmente existen seis instituciones que constituyen el sistema de banca de desarrollo mexicano, con un amplio espectro en cuanto a los sectores de atención: pequeña y mediana empresa, obra pública, apoyo al comercio exterior, vivienda y promoción del ahorro y crédito al sector militar. Estas instituciones son:

1. Nacional Financiera, S.N.C. (NAFIN)
2. Banco Nacional de Obras y Servicios Públicos, S.N.C. (BANOBRAS)
3. Banco Nacional del Comercio Exterior, S.N.C. (BANCOMEXT)
4. Sociedad Hipotecaria Federal, S.N.C. (SHF)

5. Banco del Ahorro Nacional y Servicios Financieros, S.N.C. (BANSEFI)

6. Banco Nacional del Ejército, Fuerza Aérea y Armada, S.N.C. (BANJERCITO)

Banca social

Los Bancos Sociales y Solidarios son un conjunto de entidades financieras de propiedad colectiva que tienen por objeto promover el ahorro popular, ampliar el acceso de la comunidad a los servicios financieros y prestar servicios de seguros, contribuyendo al financiamiento de las actividades productivas del sector social. Sus miembros y los desarrollos locales basados en esfuerzos colectivos están excluidos de los esquemas de crédito de la banca comercial debido a sus circunstancias.

Integra, el sector cooperativo de ahorro y crédito de México, conocido como banco social, cuenta actualmente con 155 cooperativas de ahorro y crédito (SOCAP) autorizadas y reguladas por la Comisión Nacional Bancaria y de Valores (CNBV), además de sociedades bancarias organizadas por la Asociación Financiera Comunitaria (SOFINCO) está regulada por una federación autorizada.

Existen diferentes modelos de banca que forman parte de la banca ética.1 Se pueden simplificar clasificándolos en los siguientes grupos:

Banca ética

Conjunto de intermediarias financieras bajo supervisión del Banco de España en materia de liquidez y transparencia, que cumplen los objetivos citados anteriormente (economía real e impacto positivo para la sociedad), y tienen un organigrama tradicional. Es decir, el derecho a voto depende de la participación en el capital social o de la proporción de activos poseídos respecto al total emitido.

Banca ética cooperativa o ciudadana

Conjunto de intermediarias financieras que cumplen los objetivos citados anteriormente (economía real e impacto positivo para la sociedad) y tienen un sistema de gobierno asambleario en el que todo usuario del banco tiene un voto de igual peso, sin considerar el capital invertido en dicha institución.

Financiamiento y su importancia para el desarrollo rural

El financiamiento a través del crédito puede aumentar las actividades productivas de los agricultores, el acceso a los mercados y los ingresos, mejorando así la calidad de vida de los hogares.

La Estrategia de Finanzas Rurales del Banco Mundial se basa en el concepto de un sistema financiero: los servicios financieros deben estar integrados, incluida la provisión de servicios de crédito, depósito y transferencia, y otros servicios que requieran asesoramiento. El Banco Mundial respalda el principio de que solo las instituciones financieras comercialmente viables que brindan los productos que sus clientes desean pueden llegar a un gran número de personas en sus áreas de mercado. El acceso a los servicios financieros, así como al sector real, permitirá a los pobres de las zonas rurales aprovechar las oportunidades económicas, gestionar los riesgos y evitar la volatilidad del consumo.

Esquemas de financiamiento

Implementar completamente los precios de electricidad contratados por los productores agrícolas, el seguro agrícola y otros trabajos de financiamiento y crédito oportunos.

Está integrado por las diferentes dependencias de la Secretaría de Agricultura y sus organismos desconcentrados: Segalmex y el Fideicomiso de Riesgos Compartidos (Firco), y como invitados: FIRA, FND, Agroasemex, Fondo para la Capitalización e Inversión del Sector Rural (Focir) y ABM, todo es para incrementar los beneficios del campo y el autoabastecimiento alimentario del país. Realizan acciones conjuntas encaminadas a brindar certidumbre y mejores oportunidades de comercialización a los productores y contribuir al orden en los mercados de alimentos básicos del país.

Estas acciones se centran en la cobertura de precios y gestión de riesgos en el sector agrícola, principalmente para el ciclo otoño-invierno 2021/2022, aunque también abiertas a productores de este ciclo primavera-verano 2023 en caso de que el mercado de futuros en estos granos básicos abra ventanas de oportunidad para cubrir un precio mínimo conveniente para las cosechas de las familias de los productores y productoras de estos granos básicos tan importantes para la autosuficiencia alimentaria de nuestro país.

Impacto en el sector rural

La gran mayoría de las poblaciones rurales no cuentan con medios confiables y seguros para ahorrar, proteger y construir activos, o transferir fondos. Este déficit es particularmente pronunciado entre los grupos vulnerables como las mujeres, los jóvenes y las personas desplazadas.

Los servicios financieros básicos en el sector formal aún llegan solo al 10 por ciento de las comunidades rurales. La infraestructura deficiente, las capacidades limitadas de los proveedores de servicios financieros y los bajos niveles de educación del cliente contribuyen a este complejo problema.

Los pequeños agricultores enfrentan muchos riesgos inherentes en sus actividades que obstaculizan la inversión del sector privado.

Las instituciones financieras a menudo consideran que la agricultura a pequeña escala es demasiado arriesgada y son reacias a prestar a los agricultores. Otro desafío es la renuencia de los agricultores a endeudarse e invertir debido a dificultades administrativas los riesgos, como las crisis climáticas y las enfermedades del ganado.

Fuentes de financiamiento

Las fuentes de financiación son todas las fuentes de inversión existentes, ya sea inversión de los hogares, inversión pública (o gubernamental) o inversión privada.

El propósito más común de una fuente de financiamiento es infundir capital para desarrollar o acelerar el crecimiento de un negocio.

Una fuente de financiamiento interno pueden ser los fondos invertidos por los socios o accionistas de la empresa.

Las fuentes externas de financiación pueden ser préstamos, crowdfunding, fondos de capital privado, capital semilla, capital de riesgo, incubadoras y aceleradoras.

Las fuentes de financiamiento a corto plazo tienen requisitos bajos y una aplicación simple, lo que la convierte en la mejor opción para las pequeñas y medianas empresas.

Públicos, privados y sociales

Fondos públicos

Es una forma de financiación externa que proviene de organismos o instituciones públicas, más comúnmente a través de subvenciones.

Algunas de las ventajas que suele ofrecer este tipo de financiación son:

- Periodos de carencia del préstamo:
- Tramo No Reembolsable del préstamo.
- No aparecen en la Central de Información de Riesgos
- Posibilidad de obtención de un informe motivado o del sello PYME Innovadora.

Financiación privada

Es un método alternativo de financiamiento corporativo por el cual se obtiene financiamiento de prestamistas privados, ayudando a cumplir compromisos de efectivo a corto plazo, tales como necesidades de capital de trabajo o modelos de estructura de capital.

Algunas de sus ventajas en términos de financiación pública son:

- Rapidez entre la solicitud de préstamo y la aprobación del préstamo.
- No hay productos adicionales ni costos adicionales involucrados.

financiamiento social

El ganador del Premio Nobel de la Paz, Muhammad Yunus, creó el sistema de microfinanzas en Bangladesh en 1970 para otorgar préstamos a personas que normalmente no tendrían acceso a los bancos. Yunus supo ver potencial en alguien sin recursos y optó por otra forma de financiación.

¿Qué entidades facilitan la inversión de los emprendedores sociales?

Organizaciones benéficas: Las fundaciones son la institución más representada en esta categoría. Fundación Ashoka, Obra

Social la Caixa, Fundación PwC, etc. Ofrecen sobre todo Capital Riesgo.

Incubadoras de empresas

Son centros de actividad comercial o industrial durante la fase de diseño, prototipo y lanzamiento oficial de un producto o servicio, pudiendo incluso brindar espacio físico, equipamiento, logística y acceso a financiamiento. En esta área, los emprendedores reciben apoyo en aspectos clave de su negocio, como el desarrollo del plan de negocios, estrategias de marketing, financiamiento, asistencia legal, protección de los derechos de propiedad intelectual, etc., de esta manera se puede crear un entorno protegido para el desarrollo de nuevos negocios, por lo tanto, mejore en gran medida la tasa de éxito de las empresas de incubación.

Las incubadoras de empresas fomentan las relaciones entre universidades y empresas, dando como resultado modelos de desarrollo industrial urbano; construyen redes de apoyo e intercambian productos, servicios e información; buscan aprovechar los programas y subsidios gubernamentales; establecen redes de comercialización, nuevos mercados, promueven la inversión y lo más relevante consolidan empresas y apoyan a los emprendedores con visión de negocios.

En muchos casos, las incubadoras de empresas son proyectos de iniciativa pública con el objetivo de fomentar la creación de nuevas empresas en una zona geográfica concreta, estas incubadoras suelen dar apoyo a los nuevos empresarios tanto en aspectos de gestión empresarial (Plan de negocio, Marketing, Finanzas, etc.) como en el acceso a instalaciones y recursos a muy bajo precio e incluso de forma gratuita (local, teléfono, etc.). Con este apoyo se pretende disminuir el riesgo inherente a la creación de un nuevo negocio.

Estructura

La estructura de un vivero de empresas sigue el modelo de incubación en el que podemos considerar tres etapas:

1. Pre-incubación

Es en esta etapa que se analiza la idea de negocio. Es en este momento que se evalúa la idea, se verifica su factibilidad y se determina la mejor forma de implementarla. Durante el proceso de preincubación se crea un plan de negocio y, si ya existe, se optimiza al máximo. Además, se identificará el tipo de negocio que mejor se adaptaría a la idea y cómo ejecutar el plan de acción. La duración de esta etapa es de unos 6 meses.

2. Incubación

Esta es la etapa donde se inicia el proyecto y comienza a desarrollarse el plan de negocios con toda la asesoría que necesita para tener éxito. Durante todo el proceso de incubación, las empresas recibirán el apoyo que necesitan para funcionar correctamente y los responsables recibirán formación continua para que puedan hacer crecer sus negocios de forma más independiente.

El período de incubación dura aproximadamente de 1 a 2 años, pero este período puede variar ya que las características y necesidades de cada empresa afectan la duración, dependiendo del tipo de negocio.

3. Después de la eclosión

Una vez que el período de incubación ha terminado y la empresa ha alcanzado el nivel de madurez deseado, es hora de que el negocio se independice. La empresa recibe todo el asesoramiento y apoyo que necesita para seguir creciendo más allá del espacio físico de la incubadora.

La posincubación suele durar de 6 meses a un año, dependiendo de las necesidades de cada negocio.

Atender

1. Proporcionar una oficina física

Algunas incubadoras ofrecen oficinas físicas gratis o a un costo menor que las opciones en el mercado inmobiliario. Esto resuelve varios problemas para las nuevas empresas. Principalmente para que encuentren un espacio profesional para reunir a su personal y brindarles un lugar de trabajo sin tener que firmar un contrato de arrendamiento. Esto es bastante útil sobre todo cuando la empresa no tiene tan claras las tasas de crecimiento en la producción.

2. Ofrecer equipo especializado

Algunas incubadoras invierten en equipos especializados, como software de modelado, impresoras 3D, equipos de creación de prototipos o laboratorios de desarrollo de software. Tener esto es una gran ventaja para que las empresas escalen y crezcan durante su primer año en el proceso de incubación. El acceso a equipos costosos y un paquete de estímulo son cruciales.

3. Guía de expertos

Para las empresas emergentes, es importante limitar ciertos errores si quieren crecer. La mayoría de las incubadoras cuentan con un departamento de personal experimentado y bien informado, como ejecutivos comerciales, para ayudar a su equipo comercial a concentrarse en asuntos relevantes y evitar los peores errores. Las incubadoras a menudo envían guías o mentores con experiencia específica en startups para explicar el proceso, los métodos de planificación y los criterios que pueden considerar al tomar decisiones. Todo esto mientras alejan a los nuevos emprendedores de errores costosos.

4. Dar entrenamiento grupal y formación

Muchas incubadoras de empresas ofrecen importantes formaciones y entrenamientos en el mundo empresarial: desde asesoramiento legal en documentación para start-ups, hasta formación en resolución de retos comunes para las empresas; por ejemplo, embalaje de productos para su envío, creación de una cultura de calidad o establecimiento de ventas funcionales y procesos de comercialización.

5. Ofrezca descuentos de software

Las incubadoras suelen ofrecer a las empresas una gama de software para ayudarlas a crecer en áreas como la contabilidad o la gestión de proyectos. Las tarifas y los programas de capacitación suelen ser elementos que se negocian y evalúan para mantener una tarifa que permita a la empresa trabajar sin tener que preocuparse por estos costos. HubSpot impulsa estos acuerdos para más de 8000 empresas emergentes en todo el mundo.

6. Hay servicios comerciales compartidos

Así como se elimina la carga de la disponibilidad y selección de software eficiente, muchas incubadoras brindan servicios de contabilidad, finanzas, marketing y fabricación para ayudar a las empresas a escalar su crecimiento y desarrollo.

7. Integrar a la comunidad

Uno de los mejores atributos de una incubadora es el elemento invisible. Trabajar con un grupo de emprendedores con ideas innovadoras, conectar con las personas adecuadas para llegar a más clientes y aprender de otros con más experiencia son elementos valiosos de convivencia y ayuda de una incubadora.

CAPITULO VII

PLANEACIÓN ESTRATÉGICA

Es una herramienta de gestión que tiene en cuenta los cambios y requerimientos que trae consigo el entorno y establece las tareas y caminos que debe seguir una organización para alcanzar las metas previstas. En este sentido, es una herramienta fundamental para la toma de decisiones dentro de cualquier organización.

Por lo tanto, la planificación estratégica es el proceso de formular y establecer metas, especialmente un plan de acción para alcanzarlas.

Beneficios de la Planificación Estratégica

- Permite que su organización sea proactiva en lugar de reactiva porque hace la pregunta antes de la ejecución: ¿Qué somos? ¿Qué debemos ser? ¿Dónde estamos? ¿A dónde vamos?
- Brinda un sentido de dirección a todo el equipo, ya que permite que cada miembro entienda cómo su trabajo diario afecta las métricas y si contribuyen al logro de las metas.
- Incrementa la rentabilidad y la cuota de mercado del negocio pues coordina el entorno interno de las organizaciones con el entorno externo, los recursos

financieros con recursos no financieros y los planes a corto plazo con los planes a largo plazo.

- Aumenta la longevidad del negocio pues analiza constantemente las oportunidades de negocio y busca los mercados no disputados.
- Aumenta la satisfacción laboral al dar sentido y propósito a cada individuo al permitirle entender la importancia de su trabajo para el cumplimiento de la misión y la visión de la empresa.

Filosofía de la organización

La filosofía organizacional se refiere al conjunto de ideas desarrolladas para establecer la misión, visión, valores y estrategia de una organización o empresa para funcionar de manera óptima.

La filosofía organizacional es un factor muy importante para toda la organización ya que define los objetivos a alcanzar y sus principios, contribuyendo así al desarrollo y competitividad de la organización.

Las organizaciones y empresas tienen compromisos organizativos, económicos y sociales. En este sentido, para que una industria gane en reconocimiento, competitividad e importancia, debe contar con un conjunto de políticas internas que, a su vez, sean reconocidas y seguidas por todos los trabajadores. Así, una filosofía organizacional define la misión, visión y valores de una organización o empresa. Este conjunto de creencias y prácticas permite un buen desempeño organizacional y la calidad de la capacidad de respuesta a las necesidades de la sociedad.

La filosofía organizacional debe ser sostenida en el largo plazo, formar un proceso de mejora continua y competitividad, y alentar a todos los que trabajan en la empresa a sentirse parte importante y valiosa de la empresa.

El concepto organizacional conduce al desarrollo de un plan estratégico de negocios, que establece los principales objetivos de la empresa y cómo espera alcanzarlos.

El plan incluye a todas las personas que trabajan en la empresa, lo que tiene que ver con que todos jueguen un papel importante en el logro de las metas propuestas.

En este sentido, la filosofía organizacional otorga a los empleados un sentido de pertenencia, donde se sienten parte importante de la organización o empresa donde realizan diversas tareas y respetan sus políticas internas.

Visión

La visión de una empresa describe lo que espera lograr en el futuro. Esta es la expectativa ideal que la organización quiere lograr y muestra cómo la organización planea alcanzar sus objetivos.

La visión de una empresa refleja entonces una imagen mental de su trayectoria y establece los estándares que la empresa seguirá para lograr esos objetivos.

La definición de la visión debe ser uno de los roles centrales de los líderes y equipos ejecutivos corporativos. Por lo tanto, debe servir como referencia para todas las acciones de los empleados.

En otras palabras, todos los miembros de la empresa deben elegir la que mejor se ajuste a la visión, dada la variedad de alternativas que se les pueden presentar sobre cómo ejecutar la misión.

La visión de Coca-Cola

La empresa afirma su visión como marco de un plan de trabajo para un crecimiento sostenible y de alta calidad. Por lo tanto, la descripción del objetivo es la siguiente:

- Personas: Ser un excelente lugar para trabajar donde las personas se sientan Inspiradas para sacar lo mejor de sí mismas todos los días.

- Bebidas: Anticipar y satisfacer los deseos y necesidades de los consumidores con un amplio portafolio de productos premium.
- Socios: Construya redes de trabajo para crear valor compartido y duradero.
- Planeta: Marque la diferencia siendo un ciudadano responsable ayudando a construir y apoyar comunidades sostenibles.
- Eficiencia: Maximizar la rentabilidad de los accionistas teniendo en cuenta la responsabilidad global de la empresa.
- Productividad: Convertirse en una organización eficiente y dinámica.
- Misión.

La misión de una empresa es su razón de ser, su razón de ser. Indica las actividades realizadas por la empresa. Por lo general, toma la forma de una declaración escrita (una oración o un párrafo) que refleja la razón de ser de la empresa.

La misión es la respuesta de la empresa a la pregunta "¿Quiénes somos?" Debe diferenciarse la empresa de la competencia y mostrar su valor y su hacer único en el mercado.

Es un elemento que identifica la filosofía de la empresa. Aunque las tareas pueden variar según el entorno, las tareas tienden a permanecer estables a lo largo del tiempo. Debe ser definida por el dueño de la empresa y de manera clara y sencilla para que pueda ser fácilmente interpretada por todos los miembros de la organización.

Misión coca cola

Define los objetivos a largo plazo de Coca-Cola como empresa y sopesa las acciones y decisiones que tomamos para lograr tres objetivos fundamentales:

- Refrescar el mundo.
- Momentos que inspiran optimismo y felicidad.
- Crear valor y marcar la diferencia.

Misión de Microsoft

Es ayudar a las personas y empresas de todo el mundo a desarrollar todo su potencial. Vemos nuestra misión como una promesa a nuestros clientes. Cumplimos con este compromiso esforzándonos por crear tecnología que sea accesible para todos, de todas las edades y habilidades.

Microsoft es una de las empresas líderes de la industria en innovación accesibilidad y en la construcción de los productos que son más seguros y fáciles de usar.

Factores internos y externos de la organización para la producción

Son agentes dentro y fuera de la organización y pueden tener un impacto positivo o negativo en la organización. Un concepto de negocio que se ve perfecto en el papel puede no serlo en el mundo real.

Factores internos

Se refieren a todo lo que está dentro y bajo el control de una empresa, ya sea tangible o intangible.

Estos factores se dividen en fortalezas y debilidades. Si un elemento trae un impacto positivo a la empresa, se considera una ventaja. Si un factor está frenando a la empresa, es una debilidad.

Los factores internos determinan cómo procede una organización como entidad organizativa autónoma y en respuesta a su entorno externo.

Dueño

Es un grupo de personas que invierten en una empresa y toman posesión de la organización. Se reservan el derecho de cambiar la política de la empresa en cualquier momento.

Junta directiva

Es el órgano de gobierno corporativo elegido por los accionistas, responsable de supervisar al personal clave de la gerencia de la empresa, como el gerente general.

Comunicar

Las organizaciones exitosas prosperan a través de prácticas de comunicación efectivas, donde los equipos de trabajo y sus líderes tienen la libertad de comunicarse con frecuencia para mejorar los resultados. Las organizaciones con déficits de comunicación a menudo tienen estructuras de liderazgo rígidas que socavan la confianza.

Estudiar

El aprendizaje es una de las actividades humanas más fundamentales que directa o indirectamente afecta el éxito de cualquier empresa.

Las organizaciones más exitosas de la actualidad, como Google, Apple y Amazon, son organizaciones inherentemente de aprendizaje.

Personal

Los empleados y los sindicatos a los que pertenecen son muy importantes. Cuando se gestionan correctamente, pueden cambiar positivamente las políticas de una organización. Sin embargo, la mala gestión del personal podría conducir a una situación catastrófica para la empresa.

Recursos de capital

La financiación es fundamental para que todas las empresas ejecuten sus planes. Ninguna empresa puede sobrevivir sin recursos de capital. Una vez que una empresa tiene un presupuesto suficiente, puede ejecutar proyectos fácilmente y crecer.

Cultura grupal

Es el comportamiento colectivo de los miembros de una organización y los valores, visiones, creencias, actitudes, prioridades y hábitos en los que se basan sus acciones.

Desempeña un papel importante en la formación del éxito comercial porque determina qué tan bien opera una organización.

Cada organización tiene su propia cultura. Casi todo lo que afecta su capacidad para competir, su capacidad para responder con éxito a los cambios en su entorno externo y su propio éxito o fracaso es el resultado de esta cultura.

Factor externo

Son elementos del medio exterior. Las empresas no tienen control sobre cómo están organizadas. Representan oportunidades o amenazas para la empresa. El ambiente externo se puede subdividir en dos capas:

- Entorno de tarea.
- Entorno general.

Consiste en factores que afectan y son directamente afectados por las operaciones de una organización. Los gerentes pueden identificar estos factores como factores de particular interés sin tener que lidiar con las dimensiones más abstractas del entorno general:

Competidores

Las políticas de la empresa a menudo están influenciadas por los competidores. Las empresas siempre intentan mantenerse en el mercado competitivo e ir más allá que sus competidores. En la economía global actual, la competencia y los competidores en todos los frentes se han incrementado dramáticamente. El efecto positivo de esto es que el cliente siempre tiene una opción y se mejora la calidad general del producto. La competencia puede llevar a la bancarrota a una empresa: solo mire la cantidad de librerías que se han plegado en medio de la competencia con Amazon.

Cliente

La satisfacción del cliente es el principal objetivo de toda empresa. Un cliente es alguien que paga por los productos o servicios de una organización. Son quienes otorgan los beneficios que las empresas están buscando. Los gerentes deben prestar mucha atención a los clientes, porque la compra que ellos hagan es lo que mantiene viva y sólida a una empresa.

Proveedores

Son personas que proveen de materiales o servicios a las empresas. Las relaciones con los proveedores son una importante tarea de gestión.

Una buena relación entre una empresa y sus proveedores es fundamental para poder hacer un buen seguimiento de la calidad y el costo de los materiales comprados.

Entorno general

Consiste en factores que pueden tener un impacto directo en las operaciones de una empresa pero que no afectan sus actividades. Las dimensiones del entorno general son amplias y no específicas:

- Dimensión económica

Los factores económicos más importantes para las empresas son la inflación, las tasas de interés y el desempleo.

Estos factores económicos siempre afectan la demanda de un producto. Durante la inflación, las empresas tienen que pagar más por sus recursos y tienen que incurrir en costos más altos, lo que aumenta los precios de los productos.

- Dimensiones técnicas

Se refiere a los métodos disponibles para transformar los recursos en productos o servicios. Los gerentes deben tener cuidado con la dimensión tecnológica; la decisión de inversión debe ser precisa en las nuevas tecnologías y deben adaptarse a estas.

- Dimensión sociocultural

Son las costumbres, valores y demografía de la sociedad en la que opera la empresa. Los gerentes deben estudiarlo bien.

Indica los productos, servicios y estándares de comportamiento que la sociedad probablemente valore y aprecie. Los estándares de conducta empresarial varían según las culturas, al igual que los gustos y las necesidades de productos y servicios.

Análisis FODA

DAFO significa Fortalezas, Debilidades, Oportunidades y Amenazas. Analizar estos factores es muy importante para planificar adecuadamente el crecimiento de la organización.

Fortaleza

Las fortalezas FODA o DAFO se refieren a iniciativas internas que funcionan bien. Pueden compararse con otras iniciativas o ventajas competitivas externas. Al buscar las fortalezas de su organización, comience por hacerse las siguientes preguntas:

- ¿Qué estamos haciendo bien?
- ¿Qué hace que nuestra empresa sea única?
- ¿Qué le gusta de nuestra organización?

Oportunidades

Las oportunidades FODA son el resultado de fortalezas y debilidades y cualquier iniciativa externa que pueda colocarlo en una posición competitiva más fuerte. Puede ser cualquier cosa, una debilidad que desee mejorar o un área que no se identificó durante las dos primeras etapas del análisis. Debido a que hay tantas formas de crear oportunidades, es útil considerar las siguientes preguntas antes de comenzar:

- ¿Qué recursos podemos usar para mejorar las áreas en las que somos débiles?
- ¿Hay brechas de mercado en nuestros servicios?
- ¿Cuáles son nuestras metas para este año?

Ejemplo:

Campaña de marketing: Para aumentar la visibilidad de la empresa en el comercio electrónico, realizaremos una campaña de publicidad en YouTube, Facebook e Instagram.

Debilidad

Una debilidad DAFO es cuando las iniciativas internas no están funcionando como deberían. Es una buena idea analizar las fortalezas antes de analizar las debilidades, para tener una referencia de lo que significan el éxito y el fracaso. La identificación de las debilidades internas ofrece un punto de partida desde el cual mejorar los proyectos. Del mismo modo en que examinas las fortalezas, puedes hacerte diferentes preguntas para empezar a identificar las debilidades.

- ¿Qué iniciativas no funcionan bien y por qué?
- ¿Qué se podría mejorar?
- ¿Qué recursos podrían favorecer al rendimiento?

Ejemplo de debilidad

Visibilidad de comercio electrónico: La visibilidad de nuestro sitio web es muy baja debido a la falta de presupuesto de marketing, por lo que la cantidad de transacciones en la aplicación móvil continúa disminuyendo.

Amenazas

Las amenazas en FODA son áreas que tienen el potencial de causar problemas. Se diferencian de las vulnerabilidades en que las amenazas son externas, a menudo fuera de nuestro control. Esto podría ser un evento como una pandemia o un cambio en el panorama competitivo. Puede hacerse algunas de las siguientes preguntas para identificar amenazas externas:

- ¿Qué cambios en la industria son preocupantes?
- ¿Qué nuevas tendencias de mercado se vislumbran en el horizonte?
- ¿De qué manera somos mejores que nuestros competidores?

Ejemplo: Nuevo competidor: El próximo mes se lanzará un nuevo negocio de comercio electrónico. Puede perder clientes debido a este nuevo competidor.

Estructuración del plan

En este escenario, puede visualizar todas las acciones que su empresa debe realizar para llevar a cabo un proyecto o trabajo específico. Es una guía de tipo provisional que brinda respuestas claras sobre los objetivos, recursos y tareas requeridas para ejecutar un determinado proyecto.

Programa

El término "plan" se refiere a un plan o proyecto organizado de diferentes actividades a realizar.

Se refiere a un conjunto organizado, coherente e integrado de actividades, servicios o procesos expresados como un conjunto de elementos relacionados o coordinados de naturaleza similar. Un plan consta de un conjunto de procedimientos.

Objetivo

Los objetivos corporativos son pasos definidos para lograr los resultados deseados del negocio. Estas metas deben ser medibles para que se pueda evaluar su desempeño y se puedan tomar las medidas necesarias para redefinir la estrategia si se requiere.

Estos objetivos pueden establecerse para cada uno de los departamentos o para toda la empresa, así como también se pueden definir para los trabajadores o, incluso, los clientes.

Ejemplos:

Los objetivos empresariales siempre van a depender de los resultados que espera la organización, así como de sus necesidades. Mantener o aumentar la rentabilidad del negocio:

- Obtener mayor productividad.
- Ofrecer un excelente servicio al cliente.

- Atraer y retener al capital humano.
- Alcanzar a los clientes adecuados.
- Mantener los valores fundamentales de la empresa.
- Tener un crecimiento sostenible.

Metas de la organización

Podemos definir metas como aspiraciones a largo plazo, que pueden ser más difíciles de alcanzar y requieren un proceso de planificación más largo, posiblemente en varias etapas.

Ejemplos de objetivos de crecimiento

Objetivo: Aumentar la tasa de conversión del blog en un 10 % en diciembre.

Objetivo: Implementar una campaña de email marketing para promocionar nuestro nuevo producto con un 15% de descuento para diciembre.

Estrategias

Es el plan que determina cómo una empresa utiliza sus recursos para respaldar la infraestructura, la producción, el marketing y otras actividades comerciales.

La estrategia organizacional es una guía para que una empresa logre sus objetivos y desarrolle un plan estratégico.

La estrategia está estrechamente relacionada con la estructura organizacional y generalmente incluye una evaluación detallada que describe lo que la empresa debe lograr.

Beneficios de una estrategia organizacional

El uso de estrategias organizacionales puede ayudar a que su empresa tenga dirección y consistencia en sus acciones. Algunos de los beneficios clave de tener una estrategia organizacional sólida son:

1. Establecer dirección y prioridades

La estrategia organizacional proporciona dirección y alineación a la empresa y ayuda a encontrar los mejores profesionales para llevar a cabo los planes establecidos.

Una estrategia organizacional define el éxito y muestra qué actividades debe poner primero (y segundo y tercero) para impulsar a su empresa hacia ese objetivo.

2. Coordinar equipos y departamentos

Cuando se desarrolla la estrategia organizacional, todos los empleados tendrán un objetivo común para mantenerse a sí mismos. Esto crea alineación dentro de los departamentos (horizontalmente) y en toda la organización (verticalmente).

Cuando todos entienden las mismas cosas, la integración multifuncional permite la transparencia y el libre flujo de información. entre los departamentos, evitando crear silos organizacionales.

3. Simplifica la toma de decisiones

La estrategia organizacional ayuda a las empresas a simplificar el proceso de toma de decisiones al articular la mejor manera de lograr sus objetivos.

Con una estrategia organizacional adecuada, puede reducir la cantidad de decisiones que debe enfrentar y aclarar cuáles tienen más sentido en función de sus objetivos.

4. Haz que tu empresa encaje mejor

Su estrategia organizacional es el destino que sigue su empresa. Si algo sale mal en el camino, no te rindes por completo; te adaptas al cambio organizacional y sigues avanzando hacia la meta final.

Reingeniería de procesos

Implica rediseñar los procesos comerciales centrales desde otra perspectiva dentro de un marco de tiempo limitado.

Esto da como resultado mejoras en el costo, la calidad, el servicio y la velocidad del negocio.

Por lo tanto, las empresas deben realizar una revisión integral de los procesos, lo que lleva a cambios en la estructura organizacional, la cultura, los sistemas y las capacidades.

Considere siempre las necesidades del cliente y conviértalas en valor agregado.

Razones para la Reingeniería de Procesos

En la actualidad, existen tres razones por las cuales las empresas deciden implementar la reingeniería de procesos:

1. Problemas existenciales graves, es decir, situaciones en las que la continuidad del negocio se ve amenazada.

2. No hay dificultad todavía, pero el sistema de gestión permite prever posibles crisis.

3. Están en su mejor **momento,** pero encuentran atractiva la posibilidad de mejorar las operaciones.

ACERCA DEL AUTOR

Isabelino Pérez Jiménez, nacío en Villahermosa, Tabasco, México, hijo de la Señora Isabel Jiménez De la Cruz+ y del Señor Manuel Pérez López+, estudio en la División Académica de Ciencias Agropecuarias de la Universidad Juárez Autónoma de Tabasco, la carrera de Medicina Veterinaria y Zootecnia, hizo un Diplomado en Formulación y Evaluación de Proyectos, estudio una Maestría en Administración de Negocios con especialidad en Calidad y Productividad, tiene más de 25 años como Docente en el Tecnológico Nacional de México campus Zona Olmeca, actualmente le gusta la actividad empresarial y colabora como Director de Operadora de Restaurantes El Carruaje S.A de C.V, le gusta la política y es amante de los animales.

"Hacia una gestión con más productividad en las pequeñas empresas"

Isabelino Pérez Jiménez

BIBLIOGRAFÍA

- Myriam Quiroa, 07 de diciembre, 2020, Gestión administrativa. https://economipedia.com/definiciones/gestion-administrativa.html. Consultado el 03 de febrero 2023.
- Haydee Jaime, Estructura organizacional: qué es, para qué sirve y cómo crearla. https://concepto.de/estructura-organizacional/. Consultado el 03 de febrero 2023.
- Jake LeBrun, 01 de febrero, 2018, ¿Qué es la estrategia de nivel corporativo?
- https://www.cuidatudinero.com/13117009/que-es-la-estrategia-de-nivel-corporativo. Consultado el 03 de febrero 2023.
- CMIC Victoria, 2012,06, La supervisión y la organización. http://www.cmicvictoria.org/wp-content/uploads/2012/06/La-supervision-y-control-en-la-Admnistracion.pdf. Consultado el 04 de febrero 2023.
- Emilio Álvaro Gómez García, 18 de febrero, 2016, Operaciones en empresas de servicio. https://www.eoi.es/blogs/emiliogomez/2016/02/18/operaciones-en-empresas-de-servicio/. Consultado el 04 de febrero 2023.
- Info Gen words, 15 de marzo, 2021, Planeación de administración
- https://aulicum.com/blog/planeacion-en-administracion-escolar/. Consultado el 04 de febrero 2023.
- CERTUS, 23 de febrero, 2021, ¿Qué es el proceso administrativo y cuáles son sus fases?, https://www.certus.edu.pe/blog/que-es-proceso-administrativo/. Consultado el 04 de febrero 2023.
- TOTVS LATAM, 23 de mayo, 2022, Mapeo de procesos: qué es, ventajas, tipos y cómo hacerlo, https://es.totvs.com/blog/gestion-de-negocios/mapeo-de-procesos-que-es-ventajas-tipos-y-como-hacerlo/. Consultado el 04 de febrero 2023.
- Granja Gago, Wendy Valeska y Barahona Córdoba, Dilcia Liliana, 2016, Organización : La comunicación administrativa en el proceso de toma de decisiones en las organizaciones para el mejoramiento de la gestión empresarial, http://repositorio.unan.edu.ni/id/eprint/3614. Consultado el 04 de febrero 2023. CICAP, 28 de enero, 2017, ¿Cómo dar una retroalimentación efectiva para la mejora de los equipos de trabajo?, https://cicap.ucr.ac.cr/web/como-dar-una-retroalimentacion-efectiva-para-la-mejora-de-los-equipos-de-trabajo/. Consultado el 04 de febrero 2023.
- Myriam Quiroa, Sistema de producción, https://economipedia.com/definiciones/sistema-de-produccion.html. Consultado el 04 de marzo 2023.

- Javier Sánchez Galán, abastecimiento, https://economipedia.com/definiciones/abastecimiento.html. Consultado el 04 de marzo 2023.
- Federico J. Caballero Ferrari, Materia prima, https://economipedia.com/definiciones/materia-prima.html. Consultado el 04 de marzo 2023.
- Camila Raga, 03 de marzo, 2022, concepto de fuerza de trabajo, https://www.sesamehr.co/blog/concepto-de-fuerza-de-trabajo-caracteristicas-y-ejemplos/. Consultado el 04 de marzo 2023.
- Equipo de redacción de Drew, 14 de julio, 2022, ¿cuáles son los principales componentes de un proceso?, https://blog.wearedrew.co/gestion-por-procesos/cuales-son-los-principales-componentes-de-un-proceso. Consultado el 04 de marzo 2023.
- Ayala Loeza Andrea, 02 de agosto, 2022, Dirección en la administración: qué es, importancia, motivación, estilos, liderazgo y comunicación, https://www.gestiopolis.com/la-direccion-dentro-la-administracion-de-empresas/. Consultado el 04 de marzo, 2023.
- Editorial Etecé, 05 de agosto, 2021, Diagrama de flujo, https://concepto.de/diagrama-de-flujo/. Consultado el 04 de marzo 2023.
- Cámara Málaga, 28 de noviembre, 2019, Criterios para definir el nivel de calidad de un producto, https://www.master-malaga.com/empresas/criterios-nivel-calidad-producto/. Consultado el 04 de marzo 2023.
- Buenas tareas, 24 de septiembre, 2015, Unidad IV Gestión Empresarial, https://www.buenastareas.com/ensayos/Unidad-Iv-Gesti%C3%B3n-Empresarial/79174627.html, consultado el 19 de marzo 2023.
- Sabino Ayala Villegas, 14 de julio, 2005, Constitución, organización y administración de empresas. https://www.gestiopolis.com/constitucion-organizacion-y-administracion-de-empresas/, consultado el 19 de marzo 2023.
- Kristina_kiik, 30 de septiembre, 2022, ¿POR QUÉ SE REQUIEREN LAS LICENCIAS Y PERMISOS PARA ABRIR UN NEGOCIO?, https://www.caminofinancial.com/es/licencias-y-permisos-para-abrir-un-negocio/, consultado el 19 de marzo 2023.
- EAE Business School, 12 de mayo, 2021, Marco socioeconómico: cómo afecta a las empresas, https://retos-operaciones-logistica.eae.es/marco-socioeconomico-como-afecta-a-las-empresas/, consultado el 19 de marzo 2023.
- Buenas tardes, 22 de octubre, 2012, Factores Culturales En La Operación De Una Consultoría, https://www.buenastareas.com/ensayos/Factores-Culturales-En-La-Operacion-De/5951599.html, consultado el 19 de marzo 2023.

- Equipo editorial, Etecé. De: Argentina, 31 de agosto, 2022, "Políticas y normas de una empresa", https://www.ejemplos.co/10-ejemplos-de-normas-de-una-empresa/, consultado el 19 de marzo 2023.
- EXPANSIÓN, 01 de enero, 2016, Las empresas y la seguridad social, https://expansion.mx/seps/2016/01/08/las-empresas-y-la-seguridad-social, consultado el 01 de abril 2023.
- Javier Sánchez Galán, 01 de marzo, 2020, Empresa, https://economipedia.com/definiciones/empresa.html, consultado el 01 de abril 2023.
- Indeed, 26 de febrero, 2023, La distinta clasificación de las empresas por su tamaño, https://mx.indeed.com/orientacion-profesional/desarrollo-profesional/clasificacion-empresas-tamano, consultado el 01 de abril 2023.
- El economista, 31 de mayo, 2015, Estructura organizacional, clave del éxito para pymes,https://www.eleconomista.com.mx/el-empresario/Estructura-organizacional-clave-del-exito-para-pymes-20150530-0034.html, consultado el 01 de abril 2023.
- David Polo Moya, Seguridad social: ¿cómo se beneficia la empresa?, https://www.gestionar-facil.com/seguridad-social/, consultado el 01 de abril 2023.
- Sistema de información económica, Enero, 2018, Banca comercial, https://www.banxico.org.mx/SieInternet/consultarDirectorioInternetAction.do?accion=consultarCuadro&idCuadro=CF445&sector=19&locale=es, consultado el 14 de abril 2023.
- Guillermo Westreicher, 1 de mayo, 2020, Banca comercial, https://economipedia.com/definiciones/banca-comercial.html, consultado el 14 de abril 2023.
- Comisión Nacional Bancaria y de Valores, 25 de agosto de 2016, Banco de desarrollo, https://www.gob.mx/cnbv/acciones-y-programas/banca-de-desarrollo-bd, consultado el 14 de abril 2023.
- Wikipedia, 13 de abril, 2023, Banca ética, https://es.wikipedia.org/wiki/Banca_%C3%A9tica, consultado el 14 de abril 2023.
- Secretaría de Agricultura y Desarrollo Rural, 10 de noviembre, 2020, Esquemas de financiamiento y crédito, https://www.gob.mx/agricultura/articulos/esquemas-de-financiamiento-y-credito, consultado el 14 de abril, 2023.
- Mundi, 28 de julio, 2022, Fuentes de financiamiento para emprendedores en México, https://mundi.io/finanzas/fuentes-de-financiamiento-mexico/, consultado el 15 de abril, 2023.
- Cesce, 14 de enero, 2021, 5 fuentes públicas y privadas de financiación empresarial, https://www.cesce.es/es/w/asesores-de-pymes/5-fuentes-publicas-y-privadas-de-financiacion-empresarial, consultado el 15 de abril 2023.

- Gabriel Roncancio, ¿Qué es la planeación estratégica y para que sirve?, https://gestion.pensemos.com/que-es-la-planeacion-estrategica-y-para-que-sirve, consultado el 30 de abril 2023.
- Significados, Filosofía organizacional, https://www.significados.com/filosofia-organizacional/, consultado el 30 de abril 2023.
- Guillermo Westreicher, 1 enero, 2020, Visión de una empresa, https://economipedia.com/definiciones/vision-de-una-empresa.html, consultado el 30 de abril 2023.
- Víctor Velayos Morales, 15 de junio, 2020, Misión de una empresa, https://economipedia.com/definiciones/mision-de-una-empresa.html, consultado el 30 de abril 2023.
- Alicia Raeburn, 1 de julio, 2021, Análisis FODA: qué es y cómo usarlo, https://asana.com/es/resources/swot-analysis, consultado el 30 de abril 2023.
- Team Asana, 22 de septiembre, 2022, Diferencias entre metas y objetivos: una guía para gestores de proyectos, https://asana.com/es/resources/goal-vs-objective, consultado el 30 de abril 2023.
  - Douglas da Silva, 5 de agosto, 2022, Gestión comercial: ¿Cuáles son los elementos para una gestión comercial eficaz? https://www.zendesk.com.mx/blog/gestion-comercial/, consultado el 17 de febrero 2023.
  - Myriam Quiroa,4 de noviembre, 2019, Mercado – qué es, definición y concepto-https://economipedia.com/definiciones/mercado.html, consultado el 17 de febrero 2023.
  - Andrés Muguira, Ejemplos de segmentación geográfica para llegar al mercado correcto,https://www.questionpro.com/blog/es/ejemplos-de-segmentacion-geografica/ , consultado el 17 de febrero 2023.
  - Gabriela Muente, 1 de Noviembre 2019, Segmentación psicografica, concepto y ejemplos, https://rockcontent.com/es/blog/segmentacion-psicografica/ , consultado el 18 de febrero 2023.
  - Santiago Perdigues, Canales de comercialización, https://www.consultorahelp.com.ar/canales-de-comercializacion/, consultado el 18 de febrero 2023.
  - Douglas da Silva, 5 de agosto, 2022, ¿Cómo es el comportamiento del consumidor?, https://www.zendesk.com.mx/blog/como-es-comportamiento-consumidor/, consultado el 18 de febrero 2023.
  - Lizardo Vargas Bianchi, 21 de enero, 2013, 6 factores que influyen en el comportamiento del consumidor,

https://gestion.pe/blog/marcasymentes/2013/01/6-factores-que-influyen-el-com.html/, consultado el 18 de febrero 2023.

- o Pep Botey, 23 de febrero, 2022, Las 4 P del marketing: qué son, cuáles son y para qué sirven. https://www.inboundcycle.com/blog-de-inbound-marketing/las-4-p-del-marketing-que-debes-conocer, consultado el 18 de febrero 2023.
- o Leticia del Corral, 16 de mayo, 2017, Qué es un plan de marketing, para qué sirve y cómo hacerlo en 1 hoja, https://leticiadelcorral.com/plan-de-marketing-en-1-hoja/, consultado el 18 de febrero 2023.
- Gestión comercial: ¿Qué es y qué papel cumple en una empresa? (zendesk.com.mx)